适合农村劳动力转移就业引导性培训使用

进城务工教育读本
（第二版）

全国职业培训推荐教材
劳动和社会保障部教材办公室组织编写

中国劳动社会保障出版社

图书在版编目(CIP)数据

进城务工教育读本/劳动和社会保障部教材办公室组织编写. —2版. —北京：中国劳动社会保障出版社，2008
 ISBN 978-7-5045-6931-8

Ⅰ. 进… Ⅱ. 劳… Ⅲ. 农民-劳动就业-中国-技术培训-教材 Ⅳ. D669.2

中国版本图书馆 CIP 数据核字(2008)第 020294 号

中国劳动社会保障出版社出版发行
(北京市惠新东街1号 邮政编码：100029)
出 版 人：张梦欣

*

北京北苑印刷有限责任公司印刷装订 新华书店经销
880 毫米×1230 毫米 32 开本 4.625 印张 1 彩色插页 75 千字
2008 年 2 月第 2 版 2016 年 6 月第 10 次印刷
定价：9.00 元

读者服务部电话：(010) 64929211/64921644/84626437
营销部电话：(010) 64961894
出版社网址：http: //www.class.com.cn

版权专有　　侵权必究

如有印装差错，请与本社联系调换：(010) 50948191
本书封面轧有我社社标和英文缩写的暗纹，否则即为盗版。
我社将与版权执法机关配合，大力打击盗印、销售和使用盗版图书活动，敬请广大读者协助举报，经查实将给予举报者奖励。
举报电话：(010) 64954652

第二版前言

《进城务工教育读本》第一版于2004年出版。这个读本是根据中央有关部门制定的《2003—2010年全国农民工培训规划》，按照开展农村劳动力转移就业引导性培训的要求编写的，着重安排了进城务工准备、寻找就业岗位、维护自身权益、重视安全生产和适应城市生活等内容。由于充分考虑了农村劳动者的特点和实际需要，简明、通俗地讲解了进城务工就业需要了解、掌握的基本知识，因而读本出版后得到各地培训机构普遍好评，曾7次加印，也受到广大进城务工人员的欢迎。

为了进一步提高读本质量，满足农民工培训工作发展的需求，劳动和社会保障部教材办公室组织专家和培训工作人员对本书进行了修订。这次修订，在保持读本原有课程结构的基础上，对内容主要从以下三个方面进行了修改：

一是更新、补充了对有关政策、法规的介绍和阐释。农村劳动力进城务工就业的服务管理工作近几年有了很大发展。为进一步改善农民工就业环境，维护农民工合法权益，国务院2006年1月发布了《关于解决农民工问题的若干意见》，全面规定了做好农民工工作的指导思想、基本原则和政策措施。2007年6月以来，全国人大常委会相继审议通过了《劳动合同法》《就业促进法》和《劳动争议调解仲裁法》。这几部重要法律与农民工就业和维权密切相关。这期间劳动和社会保障部等部门还发布了《就业服务和就业管理规定》等规章及其他涉及农民工问题的规定。本读本在修订中根据这些文件的精神，更新、补充了对有关政策法规介绍和阐释的内容，有些部分重新进行了编写。

二是调整了部分内容。主要包括：其一，为增强读本的针对性和适用性，便于讲授和学习掌握，将读本第四章第10课原设置的"遵守公民道德"内容，调整为"遵守社会公德"，集中介绍有关公共生活的行为规范，其具体内容重新做了组织。对第11课"了解城市生活常识"的内容也做了必要调整。其二，根据内容的变化，调整了课程中的若干案例及其评析，以使案例同课程内容更紧密地结合。同时，从引导学习政策法规的角度，加强了"案例评析"中对事件原因的分析和说明。

三是删减、归并了一些繁冗的内容。例如，读本第三章第8课中原"防止机械操作事故"部分，同本课中其他专题的内容相互交叉，这次修订删去了这一部分，将其内容归并到"安全操作""制止违章作业"等专题中讲述。对这一章中专业色彩较重和其他各章中叙述过细的内容，也进行了适当删减。

这次修订，还对本书文字进行了全面的再加工，同时，特别注意了维护和发扬读本图文并茂、通俗生动的特色。

参加本读本第一版编写的有卜建业、陈焱、朱劼、范海阳、涂恒奎。此次修订由本读本编写小组的专家共同完成，唐云歧统稿，沈水生审稿并作了修改。在修订过程中还得到劳动和社会保障部有关业务部门的大力支持，在此一并致谢。

劳动和社会保障部教材办公室
2008 年 1 月

第一版序言

　　农村富余劳动力向非农产业和城镇转移，是我国工业化和现代化的必然趋势，是实现全面建设小康社会奋斗目标的必然要求。而加强农村教育工作和对农民工的培训，大力提高农村劳动者的素质，是加快农村富余劳动力转移就业的关键。为了做好这项工作，2003年9月，国务院办公厅转发农业部、劳动和社会保障部等六部委制定的《2003—2010年全国农民工培训规划》，对农村劳动者和已进入非农产业就业的农民工开展转移就业前的引导性培训、职业技能培训以及岗位培训，提出了目标任务，做出了部署安排，明确了措施办法。通过实施这一规划，加强农村劳动力转移培训，促使更多的农村劳动者掌握从事非农产业就业和进城务工所必需的基本知识和工作技能，不仅能为农村劳动者个人成功实现转移就业打下坚实的基础，并且能使中国农村就业和城市化进程在整体上具备更强的素质基础，提升上新的水平。

　　这本《进城务工教育读本》，正是根据加强农村劳动力转移就业培训工作的要求组织编写的。其内容力求适合广大进城务工的农民工转移就业的需要；其方法力求符合引导性培训针对性、实用性强的特点。《进城务工教育读本》介绍了农民工需要掌握的进城务工准备及有关法律法规、安全生产和城市生活等方面的实用知识,并通过案例和评析使农民工加深理解。内容图文并茂,语言通俗易懂,编排具有特色。同时,配合《进城务工教育读本》,还开发出版了音像教学片辅助材料,以帮助农民工学习,方便教师教学。

  职业培训是促进就业的强大动力,教材是职业培训的重要支柱。希望《进城务工教育读本》能够成为农民工的良师益友,在开展农民工培训工作和提高培训质量方面,发挥其应有的作用。

张小建

2004 年 3 月

目 录

第一章 做好务工准备 学会寻找工作 ……………………（1）

第1课 做好进城务工的准备………………………………（1）
第2课 寻找合适的工作……………………………………（13）

第二章 签订劳动合同 维护合法权益 …………………（23）

第3课 签订劳动合同………………………………………（23）
第4课 了解工资待遇………………………………………（39）
第5课 重视社会保险………………………………………（49）
第6课 维护自己的合法权益………………………………（62）

第三章 注意安全生产 做好劳动保护 …………………（74）

第7课 了解安全生产权利和义务…………………………（74）
第8课 掌握安全生产基本知识……………………………（88）
第9课 了解特种作业和职业危害…………………………（107）

第四章 遵守社会公德 适应城市生活 …………………（118）

第10课 遵守社会公德………………………………………（118）
第11课 了解城市生活常识…………………………………（129）

做好务工准备　学会寻找工作

我国农村人口众多，经济相对落后。在改革开放和发展社会主义市场经济的过程中，农村富余劳动力向非农产业和城镇转移是必然趋势。目前，农村进城务工人员在加工制造业、建筑业、采掘业及环卫、家政、餐饮等服务业中已占从业人员的半数以上。今后，还将有数量众多的农村富余劳动力加入转移就业的队伍。

我国实行城乡统筹的就业政策，农村劳动者进城就业受到法律保护。《就业促进法》明确规定，农村劳动者进城就业享有与城镇劳动者平等的劳动权利，不得对农村劳动者进城就业设置歧视性限制。

农民朋友们，面对进城务工的形势和机遇，进城前你应做好哪些准备？进城后如何寻找合适的工作？这些是本章所要解答的问题。

做好进城务工的准备

第1课

一、思想准备——正确认识进城务工

1. 进城务工是脱贫致富的重要途径

国家在大力支持、帮助农村劳动力向农业的深度和广度进军的同时,也积极鼓励和引导农村富余劳动力向非农产业和城镇转移。你可以到本地乡镇企业就业,也可以到城市务工或从事多种经营。进城务工能使你开阔眼界,增长见识,增加收入,摆脱贫困。

目前,在全国农民总收入中,进城务工收入、农业收入、乡镇企业收入已形成各占1/3的态势,有的地方外出务工人员的劳务收入约占农民纯收入的一半以上。

> 进城务工的确是一条致富路!

进城一人,可以脱贫一家;进城一户,可以带动一村。这是到处可见的事实。

农民进城就业,不仅增加了个人收入,还满足了城市用工需求,对加快城乡发展作出了贡献。

[案例1—1]

这是一个很普通的故事。据《中国劳动保障报》报道,在广西金州县石塘镇圩辉村,有个农民叫蒋德顺,世代以耕田为生,家境清贫。几年前,蒋德顺的独生子准备结婚,可娶亲的费用没有着落。万般无奈之下,蒋老汉狠心离家到杭州打工。没承想,一年下来竟攒下8 000多元钱。蒋老汉随即叫来儿子、儿媳,一家人在杭州过起了打工生活。几年过去了,蒋老汉在家乡盖起了新房,购置了电器,还开了一家小商店,当起了小老板。

蒋老汉的例子是金州县农村劳动力转移就业的一个缩影。金州县41万农村劳动力,转移就业近16万人,全年劳务收入5亿多元,农村人均增收达700多元。

[案例评析] 这个例子充分说明,进城务工是许多地方,特别是经济欠发达地区农民增加收入的重要途径,是农民致富奔小康的一种正确选择。

2. 要有吃苦受累的思想准备

农民朋友们在家乡种地,日出而作,风吹雨打。遇上灾年,收成减少,经济拮据。这是一种苦累。

可是,进城务工,有时会食无定时、居无定所。并且,劳动强度高,精神压力大,面对着陌生的工作和生活环境,还会常常遇到意想不到的困难。这种苦累与在家种地的苦累不一样。"在家日日好,出门时时难。"这句老话,说的就是离家外出的不易。

你能战胜这种困难,经受住考验吗?如果没有这种吃苦受累、战胜困难的思想准备,即使走出家乡也很难站得住脚。

看看那些在外面站得稳、立得住、挣了钱的兄弟姐妹们,哪一位不是吃苦受累拼出来的!

> 天上不会掉馅饼。能吃苦受累的人,才会成功。

二、能力准备——参加培训掌握技能

1. 进城务工要具备必要的技能

常听到有些人抱怨:"我们年轻力壮,工作就是不好找。"这些人中有的可能对苦、脏、累、险的工作不屑一顾,有的可能对职业、岗位、待遇考虑较多,总之都是希望工作轻松一点,报酬能高一些。但是,这是不切实际的。目前城市里好的工作岗位,大都要求从业人员具有较高文化水平和必要的职业技能。特别是经济发达地区的城镇,缺少的是掌握各类技术、技能的人员,尤其是高技能人才,他们的报酬也较高。例如,深圳的数控机床操作人员,月薪可达万元以上。可见,就业的难易,报酬的高低,都同你掌握的技能有关。如果光有力气,没有技能,就只能去干装卸、挖掘、清扫等粗重脏累的活了,甚至还会找不到工作。如果你掌握了城市经济发展中急需的技术、技能,找到理想的工作就比较容易了。

准备进城务工的农民朋友,如果你还没有掌握必要的专业技能,就应先参加专业技能培训。不然,你就很可能因缺乏技能而失去就业的机会。

2. 参加培训应选择正规、合法的培训机构

国家高度重视提高进城就业人员的素质和转移就业能力，鼓励各类教育培训机构为进城就业人员提供职业技能培训。在各级政府统筹规划和指导下，对进城就业人员的技能培训正在广泛开展。

需要提起注意的是，目前不少地方都有一些不良分子以各种名目的培训骗取钱财，准备进城务工的朋友对此应加以警惕。

根据国家规定，职业培训机构须依法设立。开设民办职业技能培训机构，应经当地政府劳动保障部门审批，核发办学许可证。进城务工人员学习技能，应选择正规、合法的培训机构，千万不要轻信街头张贴的小广告的宣传，以免误入非法培训点，浪费时间和金钱。

[案例1—2]

小王从甘肃农村来到城市打工。他从报纸上看到一家酒店登出招聘保安的广告，便和进城务工的同伴一起报了名，每人交了1 000元培训费，就等着培训后聘用。过了两个月，才通知他们去郊区一个地方参加培训班。住下后，他们发现，这里不仅生活条件很差，而且没有什么正规的培训课程，有的教员还很粗暴，动不动就拳打脚踢，搞得小王和一些应聘者只好提出不干保安，培训费也白花了。

[案例评析] 这家酒店没有培训保安人员的

资格,所办的培训班是一个非法培训点。该酒店以"培训"骗财的违法行为虽然受到了有关部门的查处,但是务工者也因此受到不小的损失。

3. 获取职业资格证书

职业资格证书是表明劳动者具有从事某一职业必备的专业知识和技能的凭证。对于涉及公共安全、人身健康、生命财产安全等特殊工种,国家要求实行职业资格证书制度。用人单位招用从事这些工种的劳动者,须从取得相应职业资格证书的人员中录用。国家同时鼓励从事专业技术较强、技能要求较高的职业和工种的劳动者,取得相应的职业资格证书。

虽然并不是每位进城务工人员都必须获得职业资格证书,但如果你有了职业资格证书,就一定不会吃亏,它会使你更加容易地找到一份稳定的工作。

你要获取职业资格证书,首先要掌握必要的专业知识和技能,如果还不具备条件,应先参加职业技能培训,然后到当地政府部门的职业技能鉴定机构申请参加职业技能鉴定。根据所申报职业的资格条件,确定自己申报鉴定的等级(初、中、高)。如果要接受鉴定前培训辅导,也一定要到正规的培训机构。最后经鉴定合格的,由劳动保障部门核发相应的职业资格证书。

[案例1—3]

从大别山区走出来的小孙,在家乡本来是个

会计,但他没有经过专业学习,只能一般的记记账。来到北京后他发现,靠他这点本事,在京城想找到一个会计岗位的工作实在太难了。幸好他曾经干过电工,就在北京参加了电工培训班,拿到了电工证,被一家公司录用当上了电工。受到这次找工作的启发,小孙认识到掌握专业技能的重要性。他在干电工的同时,又利用业余时间参加了会计培训,拿到了会计证。后来,在福建某地务工的亲戚说那里需要一名会计,他就到福建干上了自己的本行,每月能拿到2 000多元。

> 小孙为什么能找到中意的工作?

[案例评析] 小孙求职的经历说明,你掌握的技能多,工作就好找;你适应了市场的需要,报酬就会高。尤其值得注意的是,按照国家的规定,有些职业和工种,必须取得职业资格证书后方可上岗,因此应先参加相应的职业技能培训。

三、手续准备——办理进城务工的必要证件

1. 进城务工需要办理的证件

进城务工须年满16周岁,有劳动能力,并具有独立承担民事法律责任的能力。

按照国家要求,各地对农民进城务工的证件管理逐步简化,一般情况下,需要办理的证件包括:

• 身份证。在户口所在地公安派出所办理。

• 婚育证。在户口所在地县级人民政府计划生育行政管理部门或乡(镇)人民政府、街道办

事处办理。

• 外出人员就业登记卡。在户口所在地县级以上劳动保障部门办理。受县级以上劳动保障部门委托，乡镇劳动保障管理站（所）也可以办理。

• 暂住证。在务工暂住所在地公安机关办理。有工作单位的，一般由单位代办。

• 外来人员就业证。被用工单位招用后，由用工单位在务工地劳动保障部门办理。

• 健康凭证。在务工地卫生行政部门认定的医疗卫生机构办理。

另外，如果你有初中或高中、职业技术学校的毕业证，也应带上，因为有些用工单位要求务工人员提供学历证明。

2. 进城务工除证件工本费外不缴纳其他费用

国家严禁针对农民进城就业的不合理收费。

农民进城务工，除了证件本身有限的工本费外，不需缴纳暂住费、暂住（流动）人口管理费、计划生育管理费、城市增容费等。证书工本费收费标准限定每证最高不得超过5元。

[案例1—4]

小张进城务工，被一家房屋装修公司录用。这家公司为他代办暂住证明，要求他缴纳暂住费20元、暂住证工本费10元，并称公司统一代办春节期间回老家的车票，要求预交购买车票服务费40元。小张觉得收这么多钱不合理，可是也不明白人家收得对不对。公司的工作人员说,政府有关部门提供了服务,可以适当收取费用,而公司代买车票是经营性服务,收取一定费用也是合理的。

> 工作人员的说法对吗?

[**案例评析**]显然,这种说法是错误的。因为按照国家有关规定,在办理农民进城务工和企业用工手续时,除了证书工本费外,不得收取其他费用。这家公司代办的暂住证工本费国家限定是最高不超过5元,收取10元就超出了一倍。至于暂住费,收了就是违反规定。而强制收取购买车船票服务费,也是不允许的。

四、把握机遇——选择进城务工地区和外出时机

1. 选择务工地的原则

• 可致富。了解进城务工地经济发展水平、收入和消费等情况。你不但应该知道自己打算从事的工作一年能挣多少钱,而且还要弄清楚在该地一年必要的生活开支是多少钱。因为你务工的纯收入等于你的毛收入减去你的生活开支。然后,根据纯收入的多少作进一步选择,挑出纯收入较高的几个地方作为进一步选择的对象。

• 可发展。优先考虑那些能够发挥你的特长或技能的地方。如果你没有什么特长和技能,那么就看看哪些地方有你能干得了的工作。待你初步选择了几个地方后,再考虑其他问题。

> 优先选择可致富、可发展、可学习的务工地。

•可学习。进城务工不能只考虑挣眼前的钱,还要考虑学习更多的东西,不断提高自己的素质,这样今后才能挣更多的钱。如果想通过务工进一步提高已有的技能,可以选择到相关行业比较发达的城市去务工。

[案例 1—5]

江苏革命老区某县的农村女青年刘菊想进城务工。她既想多挣一些钱,又想学到一门技艺,将来回到家乡发展。经过了解,她知道苏南地区丝织业发展很快,招工的单位也较多,就来到了苏州。没多久,她就进入了一家云锦厂打工。虽说是农村姑娘,但由于她勤学苦练,很快就掌握了织云锦的技术。几年下来,基本达到老工人的水平,报酬也有了较大提高。后来,她带着学成的技术回到家乡,创办了自己的云锦厂。目前,刘菊的云锦厂固定资产已达 300 多万元。

> 刘菊为什么进城务工和回乡创业都取得了成功?

[案例评析] 刘菊的成功首先在于她对务工地的选择是正确的。苏南纺织业的就业机会给她提供了发展机遇,同时,她把挣钱和学习本领结合起来,而且确立了将来回乡发展的目标。在务工的过程中,她既学到了一门技术,也锻炼了自己,提高了自己的素质,终于实现了她进城务工前的理想。

2. 选择务工地的方法

说到选择务工地区,人们往往会想到去外地。实际上,本地往往也能提供较多较好的务工机会。况且在本地城镇务工,还有许多在外地打工所没有的好处和便利,比如节省路费、生活方便、环境熟悉等。因此,就地就近转移就业也是应当考虑的选择。如果你想到外地务工,就要先对务工地招用外地人员的情况有所了解,并对务工地的就业机会进行分析。

一般来说,城市越大,它容纳的就业人数就越多,所提供的就业机会就可能多些。但也应当看具体情况,如果该城市的务工人数已趋于饱和,甚至大大超过就业机会,就不能说城市越大,务工机会就越多了。相反,一些新兴的工业城市或沿海开放城市,城市虽不大,但因其经济较发达,务工机会相应也就多些。

在了解务工地的就业信息,并进行分析之后,你可以选择两至三个务工地,采用征求意见法或考察体验法进行决策。征求意见法是指向你的家人或亲朋好友等征求意见,或者到当地劳动就业服务管理机构和劳动力市场进行咨询。考察

> 多种方法选择合适的进城务工地。

体验法是指你直接到务工地了解相关情况，或从事短期工作亲身感受一下。

3. 掌握出行时机

• 意向不明不行动。进城务工要避免盲目性和随意性，对进城务工地的基本情况要有大体了解，自己想从事的工作或本身具备的专长在务工地要有需求，不能盲目外出。

• 避开交通拥挤期。交通拥挤期出行十分不便，如春节期间，出行将面临购票难、座位少、人多拥挤等问题，甚至在转车的过程中买不到下一班次的车票，滞留在途中，遇到麻烦。

• 心情愉快好上路。出行前要妥善安排好家里的各项事务，力求做到无后顾之忧。在进城务工时保持愉快的心情，有助于你克服生活不便、环境不熟等困难，减少精神上的压力。

> 出行时机好，工作也好找。

思考与问答

1. 结合你的实际，谈谈你是怎样正确认识进城务工的？

2. 进城务工为什么需要掌握必要的技能？你准备怎样参加培训？学习什么技能？

3. 进城务工需要办理哪些必要的证件？进城务工在办理有关手续时是否要缴纳各种费用？

4. 怎样选择进城务工地区？你准备怎样掌握出行时机？

寻找合适的工作

第 2 课

一、寻找工作的途径

1. 选择进城就业的合适途径

就业途径是人们实现自己就业目标的渠道。进城务工的就业途径主要有下述几种：

• 劳务输出。主要是由务工人员输出地与输入地之间，通过协议的形式建立起劳动力交流合作关系，根据用工单位的用工需求，由输出地就业服务管理机构统一组织务工人员到输入地务工。这种方式的优点是信息真实可靠，管理比较规范，工资等待遇较有保障，还能提供培训等服务。

• 由公共就业服务机构介绍。公共就业服务机构是政府设立的就业服务专门机构，是非营利的公益性单位，免费为劳动者提供就业政策法律咨询、职业供求信息、职业培训信息、职业指导和职业介绍等服务。农村劳动者寻找进城就业岗位可以从公共就业服务机构获得多方面的帮助。

> 公共就业服务机构按照国家规定的服务规范和标准，提供优质高效的就业服务。

• 由职业中介机构介绍。职业中介机构由法人、其他组织或公民个人举办，为用人单位招用人员和劳动者求职提供中介服务，一般是经营性组织。职业中介机构须依照诚实守信、公平、公开的原则从事活动，并须经过劳动保障部门批准和向工商部门登记才可以设立。

• 亲戚朋友或老乡介绍。这些人有的已在外地某一用工单位工作,对所在地区的招工用工情况比较熟悉;有的自己就是某个单位的招工负责人或包工队的负责人。只要他帮你找好工作,你按照要求前去上岗,一般不会落空。

• 其他途径。如通过广播、电视、报纸、刊物、互联网等媒体了解用工信息,直接到用人单位应聘等。

[案例2—1]

小张从军队退伍回家后想进城务工,从苏北老家来到南京。他想在酒店或餐馆找一份工作,便跑了许多家酒店和餐馆,询问人家是否用人,一个月下来,没有一点结果。后来,一位同乡建议他到劳动保障部门办的就业服务中心看一看。中心的工作人员热情地接待了他,在了解到他以前受过擒拿格斗等军事训练后,就指导他去应聘保安工作。终于,一家保安公司聘用了他,使他找到了一份满意的工作。

> 小张为什么能找到满意的工作?

[案例评析] 劳动保障部门设立的就业服务机构,不仅从事职业介绍业务,还具有为求职者提供职业信息、进行职业指导等职能。进城务工人员在他们的指导下,可以更快地找到合适的工作。

2. 避免求职被骗

有很多进城务工朋友因急于找到工作,或被

一些用工单位宣称的条件、待遇所蒙蔽，或被一些不法职业中介机构抛出的"诱饵"所诱惑，结果上当受骗，不仅浪费了时间和钱财，而且身心还受到了伤害。因此，进城找工作一定要增强自我保护意识。

• 避免上当受骗的稳妥办法，是到政府部门设立的公共就业服务机构，如县、市就业服务中心了解信息或求职。

• 到一般职业中介机构求职，首先要查看该机构是否获得劳动保障部门颁发的职业中介许可证和是否向工商管理部门办理了登记；其次，应查看有没有合法有效的招工简章和招工单位出具的招工委托代理书；第三，应留心收费标准，如果收费标准没有公布上墙，而且收费过高，就值得怀疑了。

如果你发现哪家职业中介机构可疑，可以向当地劳动保障监察部门举报。

• 通过已在外找到工作的亲朋好友或家乡的其他人介绍进城务工的人员，也应注意了解用人单位的有关情况。

[案例2—2]

农村女青年小张只身从家乡到某城市务工。她身上带的钱不多，为了尽快找到工作，她来到一个自发的劳务市场。这里人头攒动，有的人手里举着"招保姆"的牌子，看起来很热闹。不一会儿，过来一个中年男人，看了她的身份证后，说可以介绍她当保姆，每月500元。小张想500元虽然不多，但总比没有工作强，便跟着他来到一户人家。在这家工作了3个月，主人未给工资。小张提出付工资的要求后，主人说，付工资可以，但每月要扣掉吃、住300元，3个月只能付600元。小张这时知道受骗了，但很无奈，只得离开了这户人家。

> 小张为什么受骗了？

[案例评析] 不要到那些自发的所谓劳务市场去找工作，那里常常聚集一些不法分子，以各种名目欺骗、坑害进城务工的人员。公安部门和工商行政管理部门对这类"劳务市场"多次进行清理，但取缔之后又不时出现。对这些自发劳务市场一定要提高警惕，即使你在此找到了工作，工资也可能像小张一样得不到保证。

二、寻找适合自己的工作

当前城镇中招用农民工较多的有建筑装修、

餐饮、加工、家政服务、保安等行业。要根据自己的知识、技能、体质等条件，分析自己适合做什么工作。

1. 建筑行业工作要求

在建筑行业务工的，一类是掌握了安装、照明、木工、瓦工、架子工等技术的人员，这类人员可做一些技术要求稍高的工作；另一类是无任何技术的普通务工人员，这些人可做挖掘、搬运、清理等体力劳动。到建筑工地务工，要增强劳动安全意识，严格遵守建筑工地的各项安全规定和操作规程。

2. 餐饮行业工作要求

餐饮行业招用务工人员大体是两类人，一类是可担任厨师助手的，包括采购等；另一类是柜台服务员和杂工。餐饮是服务业，对从事这一行业工作的人员要求是：

• 有良好的修养，能够热情、礼貌地接待顾客，着装整洁。

• 具备良好的卫生习惯。

• 身体健康，符合卫生行政部门的相关规定。

3. 加工行业工作要求

服装鞋帽、皮革、食品、玩具等加工行业吸纳的务工人员数量较多，特别是沿海新兴工业城市的上述加工行业，用工需求比较大。到加工行业务工应具备以下条件：

- 经过专门培训，掌握生产线工艺。
- 有组织纪律性，遵守工厂纪律和操作规程。
- 身体健康，适合从事相应工种的工作。

4. 家政服务工作要求

家政服务员是为所服务的家庭操持家务，照顾儿童、老人、病人，管理家庭有关事务。从事家政服务工作的一般要求是：

- 身体健康，符合从事家政服务工作要求，有良好的卫生习惯。
- 诚实、细心，有操持家务的能力。
- 掌握一定的膳食营养知识和安全防护知识，能看护儿童、老人和病人。
- 能对居室进行保洁、布置和美化。
- 能够建立良好的人际关系，与所服务家庭的成员和睦相处。

5. 家庭小时工工作要求

家庭小时工向多个家庭提供清扫、育婴、接送孩子、买菜、做饭等项服务，而不像家政服务员固定在某一家庭提供服务。雇主一般以计件或计时的方式付酬。现在许多城市家庭是通过劳务公司、家政公司或劳务市场寻找家庭小时工。想从事这项工作，最好的办法是参加社区、街道或妇联等举办的家政服务组织，单打独干往往不会有充足的活源，权益维护方面也容易遇到问题。

6. 保安工作要求

需要保安人员的主要为大公司、居民小区、商场、娱乐场所等。从事保安工作的一般要求是：

• 身高 1.70 米以上，双眼裸视 0.8 以上，身体健壮，无犯罪记录的青年。

• 因为工作的主要内容是保护用工单位的财产安全和正常的工作秩序，所以要有很强的责任心和纪律性。

• 要经过着装、纪律、搏击等专门培训，大多数用工单位要求应聘者提供相关的培训结业证书或其他专业证书。

三、如何面试

1. 面试前的准备

• 了解应聘单位的情况。通过实地参观、询问工作人员等方式和阅读招工简章、宣传资料等途径，了解应聘单位的发展史、经营情况、企业文化、人才观念等，以便面试回答问题时有针对性。

• 调整好面试时的心理。面对激烈的就业竞争，有部分进城务工人员常常产生自卑心理。应当扬长避短，善于展示自己的优点、长处，相信自己的能力。

• 衣着得体。衣着整洁得体，会给招聘单位留下良好的第一印象，同时衣着也要与应聘的岗位相适合。

2. 面试技巧

• 注意倾听。面试时要神情专注地听招聘人员说话。这不仅体现出对招聘人员的尊重,而且有利于准确理解招聘人员提出的问题。如果没有听懂对方的话,可以在对方说完后提出来。

• 避免紧张。有的进城务工者遇到回答不出的问题就会特别紧张,说话结结巴巴,有些本来能回答的问题也答不出来,为此丧失了被录用的机会。没有一个招聘者会欣赏遇事紧张的人,要想不紧张,可以加强应试前的练习。

• 诚实回答。如果你没有做过某项工作,应该如实说明,不要胡编乱造,因为所有的谎言都会不攻自破。如果你做过的某项工作是断断续续的,但都属于同一性质的岗位,那你可以把这些间断的工作并在一起加以说明。

• 适当提出自己的条件。谈论报酬待遇是你的权利,这无可厚非,关键要看准时机。一般在对方已有初步聘用意向时,再委婉地提出来。有些应聘者一见面就急着问"你们的待遇怎么样?""你们管吃住吗?"等问题,这样容易使对方反感,产生"工作还没干就先提条件"的不好印象。

• 面试后与招聘者保持一定联系。你可以利用和他再联系的机会,再次表明对所应聘工作的愿望,这或许对你最后被录用有帮助。

[案例2—3]

小吴在家乡上过两年高中,来到城市务工,一直想找一份"体面"的工作。碰巧,一家礼品公司招聘推销员,他就去应聘。面试时,招聘人员开始问的几个常识性问题他都答得不错。小吴因为很重视这份工作,在接下来回答问题时,就不断趁机夸耀自己很优秀,还说不录用他将是公司的一大损失。结果小吴这次面试失败了,没有被录用。

> 为什么小吴面试会失败?

[案例评析] 小吴这次面试失败,关键在于他在回答招聘人员提出的问题时,不适当地夸耀自己,更不该说如果公司不录用他将是一大损失。这样不恰当地自我评价,必然使对方很反感,形成此人很不谦虚的看法,自然影响了被录用。

思考与问答

1. 进城寻找工作可以通过哪几种途径?

2. 如何避免求职被骗？如果你在求职的过程中遇到可疑的职业介绍机构应当怎么办？

3. 在餐饮行业工作有什么要求？

4. 在加工行业工作有什么要求？

5. 从事家政服务工作有什么要求？

6. 从事保安工作有什么要求？

7. 面试前应做好哪些准备？

8. 面试时应注意哪些事项？

签订劳动合同　维护合法权益　第二章

目前，各地一些用人单位尤其是私营企业中，不与农民工签订劳动合同的现象仍然存在。而有些进城务工人员也不了解劳动合同的重要性，认为反正有事做、有钱拿就行了。殊不知，不签订劳动合同，可能会使你处于非常不利的地位。比如，老板随时可能炒你鱿鱼，你的社会保险权益可能受到侵害，发生劳动争议也无据可查，等等。因此，进城务工人员要想维护好自己的合法权益，一定要签订劳动合同。

签订劳动合同　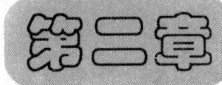第3课

一、劳动合同

劳动合同是你与用人单位签订的一份协议，它用来明确你和用人单位双方的权利和义务，是双方建立劳动关系的重要书面凭证。

1. 劳动合同的作用

• 以书面形式把你和用人单位之间的劳动关系确立下来。根据《劳动合同法》规定，除了非

> 签订劳动合同，双方应遵循合法、公平、平等自愿、协商一致、诚实守信的原则，不得违反法律法规的规定。

全日制用工,建立劳动关系应当订立书面劳动合同。

• 劳动合同明确规定了你和用人单位双方的权利和义务,是维护双方合法权益的依据,对于保护劳动者的权益尤其重要。

• 劳动合同同时起到约束你和用人单位双方行为的作用,是构建和发展和谐稳定的劳动关系所必需的。

• 一旦你和用人单位之间发生劳动争议,劳动合同将成为解决劳动争议的重要依据。

[案例3—1]

小余凭着在家乡学习的电工技术,进城后很快就被一家公司录用。每月工资1 000多元,小余很高兴。但是,公司未与他签订劳动合同。一天,比小余早两年进城务工的同乡提醒他:"你可要签订劳动合同!"小余说:"我有技术,靠技术挣钱,要劳动合同有什么用?"

过了大半年,小余在检修公司供电线路时,不慎从梯子上摔了下来,右臂粉碎性骨折。经过一个多月的治疗,虽然可以出院了,但还需要一段时间的治疗和康复才能工作。隔了几天,公司说小余现在已无法上班了,决定辞退他。小余找到公司负责人说理,负责人说,公司同你没有签订劳动合同,你住院一个多月工资还照发,已经很是照顾了。小余很气愤,经过同乡的指点,他找到当地劳动保障部门投诉。劳动保障部门对该公司不与小余签订劳动合同且在工伤治疗期间辞

> 小余从这件事中,应该记取什么教训?

退他的做法给予严肃批评,责令其立即收回辞退小余的决定。

[案例评析]我国《劳动法》和《劳动合同法》都规定,用人单位和劳动者建立劳动关系,应当签订劳动合同,并明确劳动合同应当采取书面形式。但是,一些用人单位为了逃避法律责任,故意不与被录用者订立劳动合同。这种情况是不允许的。根据《劳动合同法》规定,用人单位自用工之日起超过一个月不满一年未与劳动者订立书面劳动合同的,应当向劳动者每月支付二倍的工资;超过一年仍不订立书面劳动合同的,视为订立无固定期限劳动合同。而有些进城务工人员由于不懂得劳动法律的规定,对订立劳动合同不够重视。该案例中的小余正是由于未坚持与公司订立劳动合同,工伤后才遇到了麻烦。当然,根据有关规定,小余虽未与公司订立劳动合同,但从公司用工之日起已与公司建立劳动关

系,而小余又是在工伤停工留薪期内,也不得辞退。但是,如果小余在一开始被录用时就坚持签订劳动合同,事后发生纠纷解决起来就会省去许多周折。请进城务工的朋友务必记取小余的教训,一定要重视订立劳动合同,这样才能有效维护自己的合法权益。

2. 劳动合同的内容

• 用人单位的名称、住所和法定代表人或者主要负责人。

• 劳动者的姓名、住址和居民身份证或者其他有效身份证件号码。

• 劳动合同期限。就是劳动合同的有效时间,分为三种:固定期限、无固定期限和以完成一定工作任务为期限。

• 工作内容和工作地点。包括从事的工种、岗位、生产或工作应完成的任务(数量、质量),工作所在地等。

• 工作时间和休息休假。包括执行哪种工时制度,以及对休息休假的具体约定等。

• 劳动报酬。包括劳动报酬的标准,工资的支付形式、支付期限等。

• 社会保险。包括工伤保险和当地已将农民工纳入的各项社会保险。

• 劳动保护、劳动条件和职业危害防护。包括劳动场所的安全生产、劳动保护措施,以及职业危害防护措施等。

• 法律、法规规定应当纳入劳动合同的其他事项。

你还可以与用人单位协商约定试用期、培训、保守商业秘密、补充保险和福利待遇等事项。注意，试用期不得超过6个月，而且试用期包括在劳动合同期限内。

尽管已经签订了劳动合同，如果用人单位和你协商一致，也可以变更劳动合同的内容。但变更的内容应当采用书面的形式记载，并经用人单位和你双方签字或盖章才能生效。

> 劳动合同文本，包括变更后的文本，用人单位和劳动者应当各执一份。

[案例3—2]

小王是第一次进城务工，好不容易在一家饭店招聘保安时被录用，就签订了两年的劳动合同。老板对他说："你先在我这儿试用10个月吧，如果表现好，就继续干下去。不过在试用期间，我只包你吃住，没有工资。"小王想自己已没钱了，有吃住，再苦不到一年就有工资了，咬咬牙就答应了。为了能有正式的工作，小王每天干得勤勤恳恳。终于9个多月下来了，老板把他叫去，小王暗自高兴，看来我能提前几天"转正"了。哪知老板说："你的表现我们不满意，你明天就走人吧。"小王傻眼了："我干了大半年，一分钱都没有，难道白干了？我要告你！"老板说："说好是试用，试用期不包括在合同期限内，可以不发工资给你，告也没用。"

> 老板说得对吗？

[案例评析] 这家饭店的老板对小王说试用

期10个月,试用期间没有工资,显然是错误的。《劳动法》规定试用期最长不得超过6个月,《劳动合同法》并进一步规定,试用期间用人单位支付的工资不得低于单位同岗位最低档工资或劳动合同约定工资的百分之八十,并不得低于当地最低工资标准。老板对小王的做法严重违反了劳动法律规定。当前,用人单位利用试用期侵害劳动者权益的现象时有发生,进城务工人员一定要了解相关的法律规定,善于维护自己的合法权益。

二、无效劳动合同

无效劳动合同是指不具有法律效力的合同。劳动合同无效的情形主要表现在以下几个方面:

> 对劳动合同无效或者部分无效有争议的,由劳动争议仲裁委员会或者人民法院确认。

• 采取欺诈、胁迫的手段或者乘人之危,使对方在违背其真实意思的情况下订立或者变更劳动合同的。如用人单位隐瞒岗位的职业危害诱骗你订立劳动合同;或者以非法手段相威胁,强迫你订立不愿接受的劳动合同,都属于这种情形。

• 用人单位免除自己的法定责任、排除劳动者权利的。如约定不参加工伤保险,工作中受伤概不负责等。

• 违反法律、行政法规强制性规定的。如我国法律禁止使用童工,如果用人单位与未满16周岁的未成年人订立劳动合同,这个劳动合同是无效的。

无效的劳动合同,从订立的时候起就没有法

律约束力。如果劳动合同的部分约定无效，而不影响其余部分的效力，则其余部分仍然有效。

如果由于用人单位的原因订立无效劳动合同，给你造成损害的，用人单位应依照法律规定予以赔偿。

[案例3—3]

小蔡到了城里才发现工作真难找，好不容易找到一家保险公司，公司部门经理对他讲："我们这儿没有底薪，全靠做业务拿提成，干得好一个月拿好几千的都有，但如果没业务就只能怪你自己没本事了。"小蔡想，找了这么长时间也没找到工作，也只能这样了，就跟公司签了份没有底薪的劳动合同。小蔡开始工作后非常努力，跑了无数的写字楼和家庭，但由于是外地人，没有熟悉的关系，一个月干下来，才谈成了两笔业务，只拿到了可怜的200元提成，连交房租都不够。小蔡找经理问："咱们市最低工资都500多元，我每天加班加点干，怎么才拿这点钱呀？"经理却说："咱们可是签了合同的，一切都是按合同执行的，你怪不了别人。"

> 小蔡真的只能拿这点工资吗？

[案例评析]《劳动法》规定，国家实行最低工资保障制度。用人单位支付劳动者的工资不得低于当地最低工资标准。这家保险公司与小蔡在劳动合同中约定不设底薪，使劳动者失去最低工资保障，这违反了《劳动法》的规定，因此合同的约定是无效的。小蔡可以要求用人单位按照

《劳动法》的有关规定支付工资，也可以申请劳动争议仲裁委员会认定该合同有关约定无效，按不低于当地最低工资标准支付工资。

三、劳动合同的终止和解除

签订了劳动合同，你和用人单位之间的劳动关系就以劳动合同这种形式确立起来。如果要结束劳动关系，可以通过劳动合同法定终止或者解除劳动合同这两条途径来完成。

1. 劳动合同法定终止的情形

劳动合同法定终止的情形有：

• 劳动合同期限届满。

• 劳动者依法享受养老保险待遇或死亡，用人单位依法宣告破产或关闭等。

2. 劳动合同解除的情形

用人单位在你出现下列情形时，可以解除与你签订的劳动合同：

• 在试用期间被证明不符合录用条件。

• 严重违反用人单位的规章制度。

• 严重失职，营私舞弊，给用人单位造成重大损害。

• 同时与其他用人单位建立劳动关系，对完成本单位的工作任务造成严重影响，或者经用人单位提出，拒不改正。

• 以欺诈、胁迫的手段或者乘人之危，使用人单位违背真实意思订立或者变更劳动合同。

> 终止或者解除劳动合同时，用人单位应当出具书面证明。

- 被依法追究刑事责任。

当你出现下列情形时，用人单位提前30日书面通知你或额外支付你一个月工资后，可以解除劳动合同：

- 因生病或非因工负伤，在规定的医疗期满后不能从事原工作，也不能从事由用人单位另行安排的工作。
- 不能胜任工作，经过培训或者调整工作岗位，仍不能胜任工作。
- 劳动合同订立时所依据的客观情况发生重大变化，致使合同无法履行，经用人单位与劳动者协商，未能就变更劳动合同内容达成协议。

为保护劳动者的权益，《劳动法》和《劳动合同法》都对用人单位解除劳动合同作出了限制。比如，劳动者从事接触职业病危害作业未进行离岗前健康检查或疑似职业病正在诊断观察的，患职业病或因工负伤丧失或部分丧失劳动能力的，患病或非因工负伤在规定的医疗期内的，女职工在孕期、产期、哺乳期的，在本单位连续工作满十五年且距法定退休年龄不足五年的，以及法律、行政法规规定的其他情形，用人单位都不得解除劳动合同。

农民工作为劳动合同签约的另一方，在什么情况下可以解除劳动合同呢？

如果你对自己工作的单位不满意，只要与单位协商一致，就可以解除劳动合同。单位不同意的话，你提前 30 日（试用期内提前 3 日）书面通知单位，也可解除劳动合同。

另外，如果用人单位有下列情况，你还可以随时告知用人单位解除劳动合同：

• 用人单位没有按照劳动合同约定提供劳动保护和劳动条件。

• 用人单位未及时足额支付劳动报酬。

• 用人单位未依法为你缴纳社会保险费。

• 用人单位的规章制度违反法律法规，损害你的权益。

• 你因受到欺诈、胁迫或由于用人单位其他原因致使签订的劳动合同是无效的。

• 法律、行政法规规定的其他情形。

如果用人单位用暴力、威胁或者非法限制人身自由的手段强迫你劳动，或者违章指挥、强令冒险作业危及你的安全，你可以立即解除劳动合同，不需事先告知用人单位。

[案例 3—4]

小杨在一家废品收购站打工，单位跟他签了两年的劳动合同，每月能有 600 多元收入，挺不错的。干了几个月，小杨就发现了一个捞外快的"窍门"，每次收废品时，通过扣秤少付钱，收购完后再到站里多报账，这样神不知鬼不觉，居然每个月可以多挣一、二百元钱。正当小杨为自己的"聪明"暗自得意时，哪知受到顾客举报，站领导核查后把他叫去，说他违反了规定，营私舞

> 单位可以提前解除与小杨签订的劳动合同吗？

弊，被提前解除合同了。这下小杨傻了眼。

[**案例评析**]《劳动法》和《劳动合同法》规定，劳动者严重违反用人单位规章制度的，用人单位可以解除劳动合同。小杨为了一点小利，自作聪明，结果害了自己，丢了工作，这个教训应该记取。作为一名进城务工的劳动者，一定要诚实守信，遵纪守法，这样才能有一份稳定的工作。

3. 解除劳动合同的经济补偿金

请你记住，如果是在以下几种情况下解除劳动合同的，用人单位应当依照法律法规规定给予你经济补偿：

• 用人单位向劳动者提出解除劳动合同并与劳动者协商一致解除劳动合同的。

• 劳动者因生病或非因工负伤医疗期满不能

从事原工作也不能从事单位另行安排的工作时被解除劳动合同的。

• 劳动者不能胜任工作,经过培训或者调整工作岗位,仍不能胜任工作被解除劳动合同的。

• 订立劳动合同时所依据的客观情况发生重大变化,致使劳动合同无法履行,经用人单位与劳动者协商,未能就变更劳动合同内容达成协议时被解除劳动合同的。

• 用人单位依法裁减人员时解除与你订立的劳动合同的。

你还应记住,如果你因为用人单位未按劳动合同约定支付劳动报酬等原因解除劳动合同,或解除由于受到欺诈、胁迫等原因订立的无效劳动合同,用人单位也应当按照规定给予你经济补偿。

此外,因用人单位依法宣告破产或被责令关闭等而终止劳动合同的,或固定期限劳动合同期满,单位不同意再续订而终止劳动合同的,用人单位也应给予你经济补偿。

[案例3—5]

小周应聘在一家工厂干操作工,签了一份一年的劳动合同。但厂里一直不景气,干了三个多月后,厂长找到小周说:"最近厂里效益不好,你来的时间不长,想跟你商量一下,提前解除劳动合同,行不行?"正好小周也觉得干这份工作没什么前途,想换个工作,就答应了。但小周心

> 小周能得到经济补偿金吗?

里还有个疑问,该不该向厂里要经济补偿金呢?

[**案例评析**]像小周这样由用人单位提出并与劳动者协商一致后解除劳动合同的情形,按照《劳动法》和《劳动合同法》规定,用人单位是应该向其支付经济补偿金的。小周在厂里工作不满6个月,应得到半个月工资的经济补偿。

四、违反劳动合同应承担的责任

劳动合同一经依法订立,就具有法律约束力,用人单位和劳动者都应当全面履行各自的义务。

这里首先应强调的是,用人单位全面履行劳动合同尤为重要。因为在订立劳动合同的双方中,用人单位相对于劳动者,通常处于强势地位。从各地发生的劳动争议案件来看,多数也是由于用人单位违反劳动合同引起的。

如果用人单位违反劳动合同或法律法规规定,应对给你造成的损失进行赔偿,例如:

• 用人单位提供的劳动合同文本未载明法律规定的必备条款,或未将劳动合同文本交付给你,对你造成损害的,应承担赔偿责任。

• 用人单位违法与你约定试用期已经履行的,应以你试用期满月工资为标准,按已经履行的超过法定试用期的期间,向你支付赔偿金。

• 由于用人单位原因订立的无效劳动合同,

对你造成损害的,应当承担赔偿责任。

• 用人单位违法解除或终止劳动合同,如果你不要求继续履行劳动合同或劳动合同已不能继续履行,用人单位应按经济补偿标准的双倍向你支付赔偿金。

[案例3—6]

小美在一家纺织厂打工已有一年多了,厂长看她干活很麻利,还让她当了班长,劳动合同也比别人多签了两年。年初回家结了婚,现在爱人也来打工了,小姐妹们特别羡慕她。但最近她发现自己怀孕了,就跟厂长讲想让厂里照顾一下,谁知厂长脸一沉:"你怀孕了,干不了那么多活了,可岗位上的任务必须完成,只能同你解除合同了。"小美一下子失去了生活来源,不知怎么办才好。

(厂长能解除与小美签订的劳动合同吗?)

[案例评析]《劳动法》《劳动合同法》都规定了用人单位可以解除劳动合同的一些情况。但同时明确规定,女职工在孕期、产期、哺乳期内的,用人单位不得依据可以解除劳动合同的条款解除她们的劳动合同。小美正在怀孕期间,厂里以她怀孕不能像以前那样干活为由,解除劳动合同是违反劳动法律规定的。该厂不仅应当按照劳动合同继续履行义务,还应赔偿因违法解除劳动合同给小美造成的损失。

农民工朋友也要注意,应按劳动合同的约定,全面履行自己的义务。如果违法或者违反劳动合同的约定，也须依法承担责任，例如：

• 违反规定解除劳动合同，应承担赔偿责任。

• 违反与用人单位订立的进行专业技术培训和服务期的协议，应按约定支付违约金。

• 违反劳动合同中竞业限制的约定，须按约定支付违约金；由于违反竞业限制或保密约定给用人单位造成损失的，应当承担赔偿责任。

[案例3—7]

小李在城里一家清洁公司干活，签了两年的劳动合同，已经干了七八个月了。其他都好，就是苦了点，总要爬到高楼大厦上搞清洁，风吹日晒的，工资也不高，只有600元。前两天遇到个老乡，介绍他去一个工地干活，能拿800元。小李动心了，怕夜长梦多，老板交给他第二天干的活也没干，就不辞而别了。他走后，清洁公司因没能按时完成任务，赔了钱，老板很生气，到处找小李，要他赔偿损失。

（小李应该赔偿损失吗？）

[案例评析]《劳动法》《劳动合同法》规定，劳动者解除劳动合同，应当提前30日以书面形式通知用人单位。同时规定，劳动者违法解除劳动合同，给用人单位造成经济损失的，应当依法承担赔偿责任。因此，该案例中小李没有按规定提前30日书面通知用人单位，提前解除了劳动合同，他应赔偿给用人单位造成的经济损失。

思考与问答

1. 为什么要签订劳动合同?
2. 劳动合同包括哪些内容?
3. 什么是劳动合同的解除?
4. 劳动合同终止的条件是什么?
5. 在什么情况下,用人单位应支付解除劳动合同的经济补偿金?
6. 用人单位违反劳动合同或法律规定,在哪些情况下应承担赔偿责任?
7. 进城务工者如果违反劳动合同的约定,应承担的法律责任主要有哪些?

了解工资待遇

第 4 课

一、什么是工资？

工资是指用人单位依据国家有关规定或劳动合同的约定，以货币形式直接支付给劳动者的劳动报酬，包括用人单位支付的基本工资、奖金、津贴、补贴、加班加点工资以及特殊情况下支付的工资等。

工资是你劳动收入的主要组成部分，但不是你所有的劳动收入都属于工资的范围。你以下的劳动收入就不属于工资的范围：

• 单位支付给你的社会保险福利费用。如生活困难补助费、计划生育补贴等。

• 劳动保护方面的费用。如用人单位支付给你的工作服、解毒剂、清凉饮料费用等。

• 按规定未列入单位工资总额的各种劳动报酬及其他劳动收入。如根据国家规定发放的创造发明奖、合理化建议奖、技术改进奖等。

我国实行最低工资保障制度。最低工资是指你在法定的工作时间或依法签订的劳动合同约定的工作时间内提供了正常劳动的前提下，你所在的用人单位应当支付的最低劳动报酬。所谓法定工作时间，是指国家工时制度规定的时间，我们通常所说的每日工作不超过 8 小时、每周工作不

> 弄清工资的含义至关重要。

超过40小时,就是普遍实行的法定工时制度形式。所谓正常劳动是指你按依法签订的劳动合同约定,在法定工作时间或劳动合同约定的工作时间内从事的劳动。下列各项不作为最低工资的组成部分:

• 加班加点工资。

• 中班、夜班、高温、低温、井下、有毒有害等特殊工作环境和条件下的津贴。

• 国家法律法规和政策规定的福利待遇。

实行计件工资或提成工资等工资形式的用人单位,在科学合理的劳动定额基础上,其支付劳动者的工资不得低于相应的最低工资标准。

非全日制用工小时计酬标准也不得低于当地最低小时工资标准。

[案例 4—1]

小青到城里打工,因自己没有什么特殊技能,就通过一个老乡的介绍到一家酒楼当服务员。这家酒楼生意挺好,小青每天都要加班干到夜里10点多钟,一个月下来真是觉得挺累的,但工资却很少,只有520元。小青就去问老板:"我每天干这么长时间,怎么才拿这么点钱呀?"老板却说:"不少啦,你看我给你穿的工作服不也是钱呀,还让你们下班后洗澡,这也是钱。我给你的钱比本市的最低工资还高了呢,是完全符合国家规定的。"

[案例评析] 依据《劳动法》的基本原则及

> 难道小青真的只能拿到这520元吗?

相关规定，支付给劳动者的工资不包括劳动者依法享受的劳动保护、社会保险福利方面的费用。该酒楼老板发给小青的工作服以及提供的洗澡设施等都属于劳动保护和职工福利方面支付的费用，不属于工资的范围。最低工资是不包括加班加点工资的，小青每天加班加点应另行支付加班加点工资。因此，老板只支付520元是违反了国家有关工资的规定的。

二、工资的支付

《劳动法》《劳动合同法》明确规定，用人单位应当按照劳动合同约定和国家规定，向劳动者及时足额支付劳动报酬，不得克扣或者无故拖欠劳动者的工资。

• 工资应当以法定货币支付，不得以实物及有价证券代替货币支付。

- 用人单位应将工资支付给你本人。你因故不能领取工资时，可委托他人代领。用人单位可委托银行代发工资。

- 用人单位支付工资时应向你提供一份你的工资清单，上面要有你的姓名、支付的工资项目、工资数额、时间等，最后由你签字。

- 工资至少每月支付一次，而且要在与你约定的日期支付，如遇节假日、休息日，则应提前到最近的工作日支付。

> 什么时间发工资，应在劳动合同中明确约定。

- 如果依法解除或终止劳动合同，用人单位应在解除、终止劳动合同时一次性付清你的工资。

- 你在法定工作时间内依法参加社会活动期间，用人单位应视同提供了正常劳动而支付给你工资。

- 你依法享受年休假、探亲假、婚假、丧假期间，用人单位应按劳动合同规定的标准支付工资，但事假期间可以不支付工资。

- 非因你的原因单位停工，在一个工资支付周期内，应按劳动合同规定的标准支付给你工资。

[案例 4—2]

顾老板开了一家制鞋厂，招了 100 多名从农村来的务工人员。最近他的一个朋友跟他讲，某股票要涨，赶紧买进。顾老板盘算，从哪里倒腾出一笔钱呢？突然，他想到明天不是给工人发工资吗,扣下一半投资股市,发一半钱给工人,剩下的每人发两双皮鞋冲抵,不就行了吗,哈哈!真是好办法呀!

> 顾老板能这么做吗?

[**案例评析**] 根据《劳动法》和有关规定,工资应当以货币形式支付,不得以实物及有价证券等代替。顾老板为了套取现金炒股票,将厂里的产品作为工资的一部分发给工人,实际上是克扣工人工资的行为,违反了法律法规的规定。目前,还有一些企业以各种名目和借口不及时足额向劳动者支付工资,同样是违反《劳动法》的行为。

三、加班工资的计算

延长工作时间,人们习惯上叫加班加点。《劳动法》规定,用人单位不得违法随意延长工作时间,因生产工作需要依法延长工作时间的,必须支付高于劳动者正常工作时间的工资报酬。

• 正常工作日延长工作时间的,支付不低于你工资150%的工资报酬。

• 休息日安排加班不能安排补休的,应支付不低于你工资200%的工资报酬。

> 加班一般每日不得超过1小时,特殊情况不得超过3小时,每月累计不得超过36小时。

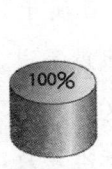
正常工作日工资 100%

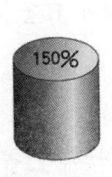
正常工作日延时工资 150%

休息日加班工资 200%

节假日加班工资 300%

• 法定带薪休假节日和带薪年休假期间安排加班的，应支付不低于你工资300％的工资报酬。

实行计件工资的劳动者，在完成计件定额任务后，由用人单位安排延长工作时间的，应分别按不低于本人法定工作时间计件单价的150％、200％、300％支付其工资。

经劳动保障部门批准实行综合计算工时制的，其综合计算工作时间超过法定标准工作时间的部分，视为延长工作时间，并按规定支付延长工作时间的工资。

[案例 4—3]

小丁来城里已快半年了，在一家服装厂做缝纫工。厂里特别忙，这么久了都没有上过一次街。国庆节到了，小丁本以为可以轻松一下，到商场好好逛一逛，但老板又说接了一笔大订单，不放假，有关人员要加班。别人休息了7天，小丁和小姐妹们却干了7天活。可是到了月底拿工资时，小丁发现跟以前一样多，不是听说加班钱要多一点的吗，这是怎么回事呢？

（小丁应该拿到更多的工资吗？）

[案例评析] 小丁国庆节期间加了7天班，其中10月1日至3日是国家法定休假日，单位应支付给她3倍的工资，4日至7日属于休息日，单位应支付给她2倍的工资。也就是说，假设小丁原来干一天是20元，那么这7天干下来总共应拿340元。单位仍按原工资标准发放，是一种克扣工资的行为。

四、合法扣除工资的情况

你的工资是受法律保护的,单位必须按时足额支付。但有下列情形之一的,用人单位可以代扣:

• 用人单位代扣代缴的个人所得税。

• 用人单位代扣代缴的社会保险费用。

• 法院判决、裁定中要求代扣的抚养费、赡养费。

• 法律、法规规定可以从你工资中扣除的其他费用。

另外,按照劳动合同约定和法律法规规定,你给用人单位造成经济损失应当赔偿的,这部分赔偿费用可以从你的工资中扣除,但扣除部分不得超过你当月工资的20%,且扣除后的工资不得低于当地最低工资标准。

> 工资扣除后要给劳动者留有生活费。

[案例4—4]

刘文有一手好厨艺,被一大饭店招去当厨师,签订劳动合同时约定每月工资2 000元。可是到发工资时发现却只有1 800多元,刘文很生气,认为单位克扣了他的工资,就去找经理讨说法。经理对他说:"你要缴纳的个人所得税以及应缴的医疗保险、养老保险等各项费用,单位都要从工资中扣掉代缴的。"

> 经理说得对吗?

[案例评析] 经理说的是对的。按照规定用人单位不得克扣劳动者的工资,但是法律、法规

规定可以从劳动者工资中扣除的费用，如果用人单位依法扣除的话，是不属于克扣工资的情形的。像刘文这种情况，就属于是一种合法扣除工资的情形。

五、克扣、拖欠工资的处理

按照法律法规规定，用人单位应当将工资以货币的形式按时足额支付给你，不得以任何名目克扣和无故拖欠。如果用人单位未按劳动合同约定或国家规定向你及时足额支付劳动报酬，或低于当地最低工资标准支付你的工资，或安排加班不支付加班费，你可以向劳动保障部门举报，由劳动保障部门责令限期支付，逾期不支付的，加付50%～100%的赔偿金。

对于用人单位不按劳动合同约定及时足额支付劳动报酬，你也可以依法向当地人民法院申请支付令，督促用人单位履行义务。

[案例4—5]

小江在一建筑工地打工已有一年。再过一个星期就要过年了，想想在外辛苦了一年，终于可以拿到一笔钱，回去跟家人团聚，过一个开开心心的大年，心中不禁乐滋滋的。本来说好前天就发钱的，但到今天还没动静，小江和工友们都有点急了，家里可都等着这笔钱买年货呢！大家一起去找工程经理，但该工程经理却说："工程没有结束，还没最后结算，所以我也拿不出那么多钱给你们。"工人们一听就炸了:"你每个月只给我们300元生活费,说是到年底再将工资结算补清,现在又说没钱发,我们辛辛苦苦干了一年,到头来却是两手空空的,怎么回家呀?不行,我们要到劳动保障部门去告你!"

> 小江他们应该只拿到这点钱吗?

[案例评析] 这个建筑单位每月只发给工人300元生活费,答应到年底再将工资补齐,这本身就是一种无故拖欠工资的违法行为,可到了年底仍然找理由不发,更属于严重违法了。小江他们可向劳动保障部门举报,由劳动保障部门责令该建筑单位支付拖欠的工资,逾期不支付的,责令单位按应付金额50%~100%的标准支付赔偿金。小江他们也可依法向当地人民法院申请支付令。

思考与问答

1. 工资包括哪些内容？在你的劳动收入中哪些不属于工资范围？
2. 什么是最低工资？
3. 国家对用人单位工资支付有何规定？
4. 延长工作时间的工资报酬如何支付？
5. 合法扣除工资的情况主要有哪些？
6. 如果遇到用人单位克扣、无故拖欠工资的情况，你怎么办？

重视社会保险

第 5 课

一、依法参加社会保险

根据《劳动法》的规定,我国的社会保险包括养老保险、医疗保险、工伤保险、失业保险和生育保险,这也就是人们常说的"五大保险"。在你丧失或者暂时丧失劳动能力,中断劳动、失去劳动报酬时,社会保险使你能够从国家和社会获得物质帮助。这种物质帮助包括现金给付和提供社会服务。

1. 进城务工为什么要参加社会保险

社会保险是按国家法律规定强制实施的保险制度,凡在实施范围内的单位和个人都必须参加,并按照规定的费率缴费。俗话说天有不测风云,人有旦夕祸福。人的一生,生、老、病、死、伤在所难免,如果劳动者一旦在生产中丧失或者暂时丧失劳动能力,失去了生活来源,那么由于参加了社会保险,就可以依照法律规定得到社会保险提供的物质帮助,解决靠个人和家庭难以解决的困难。

> 用人单位不参加社会保险,你有权举报。

我国的社会保险制度,原来只限于在城镇国有、集体企业中实行。随着经济体制改革深入,各种经济成分发展,流动就业的劳动者增多,社会保险的覆盖面逐步扩大到城镇各类企业的劳动者,其中也包括在城镇工作的农民工。

[案例5—1]

孙浩在一家私营企业工作,老板在与他签订劳动合同时,跟他谈:"你看这样好不好,我每个月给你800元工资,这其中包括150元的保险费,是否办理社会保险由你自己决定。"孙浩想,这可是好事呀,我一下子每月可多得150元,保险嘛,交不交无所谓的,就答应了。有一天,他把这一"窍门"告诉一个比他进城早几年的老乡,哪知他那老乡却说他其实吃亏了,而且后患无穷。孙浩有点不明白了,明明多拿了钱,怎么还吃亏呢?

> 孙浩老乡说得对吗?

[案例评析]《劳动法》规定,用人单位和劳动者必须依法参加社会保险,缴纳社会保险费。《劳动合同法》明确规定把社会保险列入劳动合同的必备条款。可见,为劳动者缴纳社会保险费

是用人单位对劳动者法定的强制性义务，这种义务不能允许用人单位和劳动者之间采用协议的方式解除。因此，孙浩老板的做法是规避法定的义务，是一种违法行为；而孙浩明知应办理社会保险而不办理，也是错误的。另一方面，孙浩参加社会保险也并不吃亏。以养老保险为例。参加养老保险后，单位和个人都要按规定缴纳养老保险费，他个人缴费的部分，社会保险经办机构为他建立个人账户，孙浩将来的养老保险待遇水平，是和这两部分缴费都直接挂钩的。所以参加养老保险不仅不吃亏，反而是有利的。相反，如果不参加社会保险，孙浩年老或发生其他意外时，没有任何社会保险的帮助，确实后患无穷。

2. 务工人员参加社会保险能享受什么待遇

(1) 基本养老保险

基本养老保险是依靠国家、用人单位和个人共同的力量，通过用人单位和劳动者个人缴费以及国家财政补助建立养老保险基金，发挥互助互济功能，使劳动者年老丧失工作能力时得到基本生活保障。参加基本养老保险，你应了解以下几点政策精神：

• 我国所有城镇企业及其职工以及城镇个体工商户和他的帮工都应参加基本养老保险。国家要求，有条件的地方，可直接将稳定就业的农民工纳入城镇职工基本养老保险。

• 企业缴纳基本养老保险费的比例，国家规定一般在企业工资总额的 20% 左右，你个人缴纳基本养老保险费的比例，最终达到你本人缴费工资的 8%。

> 缴费越多，个人账户储存额越多，将来领取的养老金也就越多。

• 你参加基本养老保险后，如果符合国家规定的退休条件，从你办理退休手续之月起，就可按月领取基本养老金。

• 如果你在城里工作的时间较短，缴费年限低于规定的按月享受养老待遇的年限（一般低于 15 年），可以将个人账户中你个人的缴费额包括利息一次性结算给你本人。

• 如果你与企业解除或者终止劳动关系，可以到社会保险经办机构请求封存你的养老保险关系，等你再次就业时，前后缴费年限可累计计算。

同时，国家要求积极探索、研究适合农民工特点的、低费率、广覆盖、可转移，并能够与现行养老保险制度相衔接的农民工养老保险办法。这更有利于将广大进城务工人员顺利纳入养老保险范围。

（2）基本医疗保险

出门在外打工，最怕的就是生病，特别是生大病，多少家庭因病而陷入贫困。基本医疗保险虽然不能满足你全部的医疗需求，但可保证你的基本医疗需求。参加基本医疗保险，你需要着重了解以下几点：

• 根据国家有关规定，各地要逐步将与用人单位形成劳动关系的农民工纳入医疗保险范围，重点解决他们进城务工期间的大病医疗保障问题。要根据农民工的特点和当地实际合理确定缴费率，用人单位和农民工本人应依法缴纳医疗保险费。

有条件的地方，可直接将稳定就业的农民工纳入城镇职工基本医疗保险。

• 基本医疗保险费由用人单位和你个人共同缴纳。你的个人缴费全部划入个人账户，单位缴费的30%左右也划入你的个人账户，个人账户的本金和利息归你个人所有，可以结转使用和继承。

• 你的个人账户主要用于支付你因病诊疗时，需要个人负担的医疗费用，如门诊、急诊的费用，到定点药店买药的费用，统筹基金起付标准以下的费用等。

• 统筹基金起付标准以上、最高支付限额以下的费用，主要从统筹基金中支付，个人也要负担一定比例。

（3）工伤保险

在城里务工，难免在工作中受到意外伤害，有时也可能受到职业病危害。国家建立工伤保险制度，就像是为广大职工建起了"职业安全网"。

> 工伤保险由用人单位缴费，职工个人不缴费。

国家要求，所有用人单位必须及时为农民工办理参加工伤保险手续，并按时足额缴纳工伤保险费。农民工受到事故伤害或患职业病后，依法享受工伤保险待遇。未参加工伤保险的农民工发生工伤，由用人单位按规定的标准支付费用。

工伤保险待遇主要包括：

• 在工伤定点医疗机构治疗，符合规定范围的医药费等全额报销，工伤医疗期间本人原工资照发，住院期间由单位按出差标准的70%发给住院伙食补助费。

• 伤残等级被鉴定为一至四级的，保留劳动关系，退出工作岗位，按伤残等级发给一次性伤残补助金，按月支付伤残津贴，伤残津贴不得低于当地最低工资标准。到龄办理退休后，停发伤残津贴，享受基本养老保险待遇。

• 伤残等级被鉴定为五、六级的，按伤残等级支付一次性伤残补助金，保留与用人单位的劳动关系，由用人单位安排适当工作。难以安排工作的，由单位按月发给伤残津贴并为劳动者缴纳各项社会保险费。劳动者提出解除或终止劳动关系的，由单位支付一次性工伤医疗补助金和伤残就业补助金。

• 伤残等级被鉴定为七至十级的，按伤残等级支付一次性伤残补助金，劳动合同期满终止，或劳动者提出解除劳动合同的，由单位支付一次性工伤医疗补助金和伤残就业补助金。

（4）失业保险

如今，谁也不敢说能端上铁饭碗，老板随时有可能要炒你"鱿鱼"，你也可能随时炒老板的"鱿鱼"。当你非本人意愿中断了就业，又一时找不到工作时，失业保险会帮你忙。国家规定，农民工应当参加失业保险，用人单位应按规定为农民工缴纳失业保险费。所以当你失业时，你也可以按规定享受失业保险给你的帮助。你如果在单位连续工作满一年，单位已缴纳失业保险费的，劳动合同期满未续订或者提前解除劳动合同时，由失业保险经办机构根据你工作时间长短，支付一次性生活补助。

> 你本人不需要缴纳失业保险费。

[案例5—2]

小于在城里一家纺织厂已干了3年，前几天她与厂里签订的劳动合同到期了，厂里没有与她续签合同。小于很想在城里重找一份工作，但这需要时间。没了收入，万一几个月都找不到工作那可怎么办呢？她在城里的一个亲戚告诉她，你可以去找社会保险部门问一下，按理应有失业保险金，有了钱，就可以放心住下来找工作啦。小于说："我在厂里时，城里的小姐妹们倒是交失业保险费的，但我们从农村来的，都没交，现在去要钱，人家怎么会给呢？"

> 小于到劳动保障部门能领到钱吗？

[案例评析] 小于的担心是由于她对农民工是否参加失业保险以及可以享受什么样的失业保险待遇还不了解。《失业保险条例》规定，单位招用的农民合同制工人连续工作满1年，本单位已缴纳失业保险费，劳动合同期满未续订劳动合同或者提前解除劳动合同的，由社会保险经办机构对其支付一次性生活补助。小于这种情况，虽然不能像城镇职工那样按月领取失业保险金，但她可以凭单位给她出具的终止劳动关系的证明，

到当地失业保险经办机构领取一次性生活补助。

(5) 生育保险

妇女生育是人类自身的再生产，是为人类社会生存和发展作贡献。生育保险帮助生育女职工恢复劳动能力，重返工作岗位，体现了国家和社会对妇女在这一特殊时期给予的支持和爱护。你如果是女职工，只要你工作的地区已将农民工纳入了生育保险范围，单位也参加了生育保险并缴纳了生育保险费，你在符合国家计划生育规定生育时，就能享受生育保险待遇：

• 产假期间你本人原工资照发，由生育保险基金对单位予以补偿；或单位停发工资，由生育保险基金直接向你支付生育津贴。

• 怀孕后，在规定的医疗、保健机构就诊，因生育或者流产所需的符合规定的有关费用由生育保险基金支付。

• 在产假期间，因生育引起疾病的医疗费，由生育保险基金支付。

• 因计划生育需要，实施放置（取出）宫内节育器、流产术、引产术、绝育及复通手术的医疗费用，由生育保险基金支付。

> 即使有的企业女职工较少，也应参加生育保险。

二、工作中受伤怎么办

在工作中万一遭受了意外伤害，你一定要知道，什么样的情况可以认定为工伤，什么样的情况不能认定为工伤，及怎样申请认定工伤。

1. 可以认定为工伤的伤害

工伤必须是在工作过程中因工作原因受到的伤害。能够认定为工伤的有以下情形:

• 在工作时间和工作场所内,因工作原因受到事故伤害的。

• 工作时间前后在工作场所内,从事与工作有关的预备性或者收尾性工作受到事故伤害的。

• 在工作时间和工作场所内,因履行工作职责受到暴力等意外伤害的。

• 患职业病的。

• 因公外出期间,由于工作原因受到伤害或者发生事故下落不明的。

• 在上下班途中,受到机动车事故伤害的。

• 法律、行政法规规定应当认定为工伤的其他情形。

> 无论导致你受伤的责任属于用人单位或者第三者或者你自己,都应当认定为工伤。

有下列情形之一的,视同工伤:

• 在工作时间和工作岗位,突发疾病死亡或者在 48 小时之内经抢救无效死亡的。

• 在抢险救灾等维护国家利益、公共利益活动中受到伤害的。

• 原在军队服役,因战、因公负伤致残,已取得革命伤残军人证,到用人单位后旧伤复发的。

上述范围的职工有下列情形之一的,不得认定为工伤或者视同工伤:

• 因犯罪或者违反治安管理伤亡的。

• 醉酒导致伤亡的。

• 自残或者自杀的。

[案例5—3]

小金在一建筑工地干活。有一天上班,他在工地上干活时,因天热没戴安全帽,被楼上掉下来的东西砸伤了,造成五级伤残,但单位却拒绝支付伤残津贴,理由是:事故是小金本人违章没戴安全帽造成的,是人为责任事故。根据公司规定:"凡属人为责任事故,系本人责任的,原则上一切损失由本人负责。"

> 小金因违章操作受到伤害,可以认定为工伤并享受工伤待遇吗?

[案例评析] 国务院于2003年4月颁布的《工伤保险条例》第14条明确规定,在工作时间和工作场所内,因工作原因受到事故伤害的,应当认定为工伤。小金在工作时间,在工地上工作时被砸伤,虽然他违反安全生产规定,没戴安全帽,负有一定责任,但按照《工伤保险条例》,应认定为工伤。工伤保险实行的是无过失责任原则,职工只要是因工负伤,不管其有无过失,无

论责任大小,都应认定为工伤。

2. 申请认定工伤的步骤

• 劳动者受到事故伤害后,所在单位应在事故发生之日起 30 日内,向统筹地区劳动保障行政部门提出工伤认定申请。遇有特殊情况,经报劳动保障行政部门同意,申请时限可以适当延长。

• 用人单位未在规定的时限内提交工伤认定申请的,在此期间发生符合规定的工伤待遇等有关费用,由用人单位负担。

• 用人单位未按规定提出工伤认定申请的,劳动者或者其直系亲属、工会组织在事故发生之日起 1 年内,可以直接向单位所在地统筹地区劳动保障行政部门提出工伤认定申请。

• 申请工伤认定时应提交工伤认定申请表、劳动者与用人单位存在劳动关系(包括事实劳动关系)的证明材料、医疗诊断证明。

> 工伤认定申请表应当写明事故发生的时间、地点、原因及受伤害程度等基本情况。

[案例5—4]

英子是一家服装厂的女工,有一天下夜班,因楼道里的灯坏了,不慎从楼上摔了下来,造成右臂和右大腿骨折,住进了医院。厂里说英子是自己摔下来的,所以不肯替她报工伤。等英子3个月后从医院出来,才知道厂里没替自己报工伤,就急了:"不行,你们不报,我就自己去。"厂里领导却说:"已经迟了,按规定工伤要在一个月内报的,不要说你这种情况不算工伤,就是算，也过期了。这样吧，看你可怜，我们补助你1 000元，这事就算了。"英子急得直落泪，伤得这么重，1 000元能顶什么用啊！

> 英子到底该怎么办呢？

[**案例评析**] 提出工伤认定申请既是用人单位的义务，也是工伤职工的权利。《工伤保险条例》规定，用人单位未按规定提出工伤认定申请的，工伤职工或者直系亲属、工会组织在事故发生之日起1年内，可以直接向劳动保障行政部门提出工伤认定申请。英子工作的服装厂是为了逃避责任，在欺骗英子。按照国家规定，厂里应在英子发生事故后30日内向劳动保障部门提出工伤认定申请。英子的受伤是否属于工伤，认定权在劳动保障部门，不在用人单位，厂里不能因为自己认为英子不算工伤就不上报。如果厂里不替英子报工伤，英子本人在1年内都可以直接向劳动保障部门申请工伤认定。如果认定为工伤，在此期间发生的符合规定的工伤保险待遇等有关费用将由厂里负担。

思考与问答

1. 用人单位能否与劳动者约定不参加社会保险？

2. 农民工参加基本养老保险能享受什么待遇？

3. 农民工参加基本医疗保险能享受什么待遇？

4. 农民工参加失业保险能享受什么待遇？

5. 农民工参加生育保险能享受什么待遇？

6. 职工在哪些情况下受伤可认定为工伤或视同工伤？

7. 工伤职工可以享受哪些待遇？

第6课 维护自己的合法权益

当前,一些用人单位侵害进城务工人员合法权益的现象仍比较严重,如不与农民工签订劳动合同,无故拖欠、克扣工资,不按规定提供安全生产条件,不缴纳社会保险费,随意解除劳动合同,等等。当这其中的某些事情降临到你的头上时,你该怎么办?是忍气吞声、躲避退让,还是勇敢地拿起法律的武器,维护自己的合法权益?显然,理直气壮地维护自己的合法权益是正确的选择。那么,可以通过哪些途径来维护你的合法权益呢?

一、申请劳动争议调解、仲裁

劳动争议,又叫做劳动纠纷,是劳动关系当事人之间因劳动权利和义务产生分歧而引起的争议。劳动争议只能发生在存在着劳动关系的用人单位和劳动者之间,没有劳动关系的存在,劳动争议就不可能发生。

> 你与其他劳动者之间产生的争议不属于劳动争议。

1. 你与用人单位之间发生的下列劳动争议,可以申请劳动争议调解和仲裁:

• 因确认劳动关系发生的争议。

• 因订立、履行、变更、解除和终止劳动合同发生的争议。

• 因除名、辞退和辞职、离职发生的争议。

• 因工作时间、休息休假、社会保险、福利、培训以及劳动保护发生的争议。

• 因劳动报酬、工伤医疗费、经济补偿或者赔偿金等发生的争议。

• 法律法规规定的其他劳动争议。

2. 你与用人单位发生劳动争议后，可以按照以下程序办理：

• 协商解决。你和用人单位在自愿的基础上进行协商，也可以请工会或第三方共同与用人单位进行协商，达成和解协议。

• 调解解决。不愿协商、协商不成或者达成和解协议不履行的，你和用人单位都可向调解组织申请调解。

• 仲裁解决。不愿调解、调解不成或者达成调解协议后不履行的，你和用人单位都可以向劳动争议仲裁委员会申请仲裁。

• 诉讼解决。你或者用人单位对仲裁裁决不服的，除另有规定的外，可以向人民法院提起诉讼。

［案例6—1］

小胡进城务工，与一家装潢公司签订了为期3年的劳动合同，已经工作了一年多了。有一次为请假与领导发生了争执，赌气一天没有上班。该公司领导认为小胡违反公司规章制度，于是作出了解除劳动合同的决定。小胡接到解除劳动合同的通知后，认为是公司领导蓄意报复他，遂找到公司领导交涉，但没有结果。他与工友商量后,便到当地劳动争议仲裁委员会申请仲裁。接待他的工作人员了解情况后,告诉他需要提交书面申请书并讲解了申请书如何写。小胡心想,口头说不就行了么?为什么要写书面申请啊?

[案例评析]根据《劳动争议调解仲裁法》规定,申请劳动争议仲裁,应当以书面形式向劳动争议仲裁委员会提交申请书。法律这样规定,是为了使劳动争议案件的仲裁有可靠的依据,更好地维护当事人的合法权益。申请书应当载明的事项包括:1)劳动者的姓名、性别、年龄、职业、工作单位和住所;用人单位的名称、住所和法定代表人的姓名、职务;2)仲裁请求和所根据的事实、理由;3)证据和证据来源、证人的姓名和住所。申请书内容不完整的,当事人可在调解仲裁委员会工作人员指导下补正,并按规定时间提交。

二、向劳动保障监察机构投诉举报

劳动保障监察是各级劳动保障行政部门依法对用人单位遵守劳动保障法律、法规情况进行监督检查的行政执法活动。你对用人单位侵害你合法权益的违法行为有权投诉、举报,劳动保障监察机构将依法做出处理,纠正用人单位的违法行为。

1. 你可以投诉、举报用人单位的以下行为:

• 未依法与你订立劳动合同或非法解除与你订立的劳动合同。

• 非法招用职工,包括招用童工等。

• 向你收取风险抵押金等不合理费用或者扣押你的证件。

• 克扣、无故拖欠你的工资或者支付给你的工资低于当地最低工资标准。

• 不遵守工作时间和休息休假的法律规定。

• 违反女职工、未成年工特殊劳动保护规定和残疾人劳动权益保障规定。

• 违反社会保险法律规定,未依法履行参加社会保险、缴纳社会保险费义务。

• 违反招用涉及公共安全、人身健康、生命财产安全等特殊工种从业人员规定。

2. 如何向劳动保障监察机构投诉、举报?

可以直接到劳动保障监察机构投诉、举报用人单位的违法行为,也可以采取电话、信函

> 当你的合法权益被侵害时,请向劳动保障监察机构投诉、举报。

投诉、举报等形式，但要注意应尽可能提供与你投诉、举报的违法行为有关的事实和证据材料。

要注意投诉与举报的区别，合理地选择采取投诉或举报的方式。根据《劳动保障监察条例》规定，只有自身合法权益受到侵害的劳动者，才可以投诉。凡符合规定的投诉，劳动保障监察机构在7日内立案受理。你有权要求告知投诉的受理和查处结果。

劳动者对自身合法权益或者其他劳动者合法权益受到用人单位侵害的，都可以举报。你向劳动保障监察机构举报用人单位的违法行为，劳动保障监察机构应为你保密。不过，劳动保障监察机构不必履行向举报人答复等义务。

[案例6—2]

周老板开了一家服装厂，由于生意很好，接了好几笔大订单，已连续3个月让工人们每天加班4个小时。下面的工长向他汇报说："工人们天天加班太累了，还没有加班工资，怨言不少呀。"但周老板却很不以为然地说："怕什么，他们都是从农村招来的，没人有后台，你就去跟他们说，谁要不愿干，就给我走人！"哪知没过几天，劳动保障监察大队找上门来了，说："有工人举报你们厂长期超时加班加点，还不发加班工资，请你配合调查，接受处理。"

> 周老板会受到处罚吗？

[案例评析]周老板的服装厂连续3个月每天加班4个小时,显然已严重违反了《劳动法》的规定,不付加班工资的行为更是进一步侵害了劳动者的合法权益。因此,劳动保障监察机构接到举报后,立即登记立案并到用人单位调查取证。根据此案的情况,劳动保障监察机构将责令该服装厂限期支付工人们的加班工资;逾期不支付的,责令加付应付金额50%~100%的赔偿金。

三、提起行政复议或行政诉讼

当你认为劳动保障行政部门或具有劳动保障行政职能的组织(如社会保险经办机构)做出的具体行政行为侵害了你的合法权益时,可以依法提起行政复议或行政诉讼。

1. 你对劳动保障行政部门做出的下列具体行政行为不服,可以申请行政复议:

• 对劳动保障行政部门做出的行政处罚决定不服的。

• 认为符合法定条件,申请劳动保障行政部门办理许可证、资格证等行政许可手续,劳动保障行政部门拒绝办理或者在法定期限内没有依法办理的。

> 申请行政复议时,有关部门不得向你收取任何费用。

• 对劳动保障行政部门做出的有关许可证、资格证等变更、中止、取消的决定不服的。

• 认为符合法定条件,申请劳动保障行政部门审批、审核、登记有关事项,劳动保障行政部门没有依法办理的。

• 申请劳动保障行政部门依法履行保护劳动者获取劳动报酬权、休息休假权、社会保险权等法定职责,劳动保障行政部门没有依法履行的。

• 认为劳动保障行政部门违法收费或者违法要求履行义务的。

• 对劳动保障行政部门认定工伤的具体行政行为不服的。

2. 申请行政复议的方法如下:

• 应在从知道劳动保障行政部门做出具体行政行为之日起 60 日内提出行政复议申请。

• 申请行政复议,可以书面申请,也可以口头申请。

> 口头申请应到场当面向复议机关提出。

• 对劳动保障行政部门做出的具体行政行为不服的,既可以向其本级人民政府,也可以向上一级劳动保障行政部门申请行政复议。

• 你认为社会保险经办机构在经办社会保险事务时,侵害了你的合法权益,应向直接管理该经办机构的劳动保障行政部门申请行政复议。

3. 依法提起行政诉讼：

同提起行政复议一样,行政诉讼也是你维护自身合法权益的重要途径。

如果你对复议决定不服,可在收到复议决定书之日起 15 日内向人民法院提起行政诉讼。

此外,除非法律有特殊规定,你也有权不经行政复议直接向人民法院起诉。

国家明确规定,劳动保障行政部门和其他主管部门及其工作人员玩忽职守、不履行法定职责,或者违法行使职权,给劳动者或用人单位造成损害的,应当承担赔偿责任。对负有直接责任的人员,依法给予行政处分或追究刑事责任。

[案例 6—3]

小黄在城里一家汽配厂已干了两年多了,收入很不错,上个月还买了一辆摩托车,真是春风得意。哪知乐极生悲,在一次上班途中出了车祸,摔断了一条腿。小黄单位为他向当地劳动保障行政部门提出了工伤认定的申请,但劳动保障行政部门认为小黄驾驶的车辆还未上牌就上路了,不符合工伤认定的条件,因此,做出了不予

>小黄到底该怎么办呢?

认定工伤的决定。小黄觉得自己是在上班途中受伤的,应当认定为工伤,但国家机关已有了结论,自己一个农民工能有什么办法呢?

[案例评析] 小黄如果对劳动保障行政部门做出的工伤认定结论不服,可以根据《行政复议法》和《工伤保险条例》的规定,向当地人民政府或者上级劳动保障行政部门申请行政复议或者依法向人民法院提起行政诉讼。

这里应提醒的是,职工上下班途中驾驶无牌照车辆,或是无照驾驶车辆发生事故的,依法不得认定为工伤。

四、寻求工会组织的帮助

依法维护职工的合法权益,是工会的基本职责。工会监督劳动保障法律、法规的实施,是群众监督的重要组成部分,对于实现法律、法规规定的职工的各项权益,具有重要作用。因此,当你的合法权益受到侵害时,不要忘了可以寻求工会组织的帮助。

1. 工会帮助、指导职工签订劳动合同,并监督劳动合同的履行。

《劳动法》和《工会法》规定,工会代表职工与企业进行平等协商,就劳动报酬、工作时间、休息休假、劳动安全卫生、保险福利等事项,签订集体合同,并帮助、指导职工签订劳动合同,防止在劳动合同中出现侵犯职工合法权益的条款。《劳动合同法》还规定,用人单位需要裁减人员20人以上或者裁减不足20人但占单位职工总数10%以上的,应当提前30日向工会或者全体职工说明情况,听取工会或职工的意见。并规定,用人单位单方解除劳动合同,应当事先将理由通知工会。如果用人单位违反法律、法规或者劳动合同,工会有权要求用人单位纠正。劳动者申请仲裁或者提起诉讼的,工会应当依法给予支持和帮助。

2. 工会对用人单位遵守劳动保障法律、法规的情况进行监督。

用人单位违反劳动保障法律、法规,往往造成对职工合法劳动保障权益的侵害。工会维护职工的劳动保障权益,其主要手段之一就是监督劳动保障法律、法规的实施。当发现用人单位侵犯职工劳动保障权益的情形时,将代表职工进行交涉并要求予以改正,如果单位拒绝改正,工会可向政府有关部门提出意见,要求认真进行查处,依法作出处理。

3. 工会对企业劳动安全卫生条件进行监督。

生命安全和健康是劳动权利的重要方面,也是劳动保护的重要内容。工会依照国家规定对企业劳动条件和安全卫生设施实施监督,行使维护职工权益的职责。在发现重大事故隐患和职业危害,危及职工生命安全时,及时采取紧急处置措施,能有效地保护职工的生命安全和健康。当伤亡事故和其他严重危害职工健康的事件发生后，工会通过参加调查，要求追究直接负责的行政领导人和有关责任人员的责任，做好善后工作，对于维护职工的权益也是十分重要的。

[案例6—4]

某纺织厂有300多名女工，原有较好的女工保护设施，如女工卫生室、孕妇休息室等。但为了追求经济效益，厂方决定将靠近路边的孕妇休息室改装成门面房出租。厂里的女工中有80%处于育龄期，因此都反对这一决定，纷纷向厂工会反映。厂工会认为这是一件关系到职工切身利益的事，于是代表职工与厂方进行交涉，要求保留孕妇休息室。厂方认真研究了工会的意见，重新开放了孕妇休息室。

[案例评析] 国务院《女职工劳动保护规定》鼓励女职工比较多的单位建立女职工卫生室、孕妇休息室、哺乳室等设施。本案中，工会组织根据国家规定，代表职工与厂方开展协商，维护了本单位女职工的权益，是一种很好的维权方式。

思考与问答

1. 什么是劳动争议？

2. 发生劳动争议后，当事人应当按照什么程序解决？

3. 如何向劳动保障监察机构投诉、举报？

4. 对用人单位的哪些侵权行为可以投诉、举报？

5. 对劳动保障行政部门做出的具体行政行为不服怎么办？

6. 当你的合法权益受到侵害时，如何寻求工会组织的帮助？

第三章　注意安全生产　做好劳动保护

你知道吗，当你不辞辛苦，远离家乡，来到城里务工，你不仅仅需要一份合适的工作，更需要安全与健康。据统计，进城务工人员已经成为各类安全生产事故高发的主要群体。一起伤亡事故，会给一个人、一个家庭带来巨大的伤害和无法挽回的损失。所以，希望下面有关安全生产和劳动保护方面的知识能够帮助你远离事故和危险，避免意外和伤害，拥有平安和幸福。

第7课　了解安全生产权利和义务

一、你拥有的安全生产权利

为了保障劳动者在生产劳动过程中的安全和健康，国家制定了劳动安全卫生方面的法律、法规，对生产经营单位做出严格的要求，也赋予你在安全生产方面应享有的基本权利。

1. 劳动者安全生产基本权利

• 你有权了解你所在的作业场所和工作岗位存在哪些危险，可能发生哪些事故和伤害，如何

> 掌握了这些，就可以在生产劳动中以法律为武器，切实维护自身的合法权益。

防范和施救。

• 你有接受安全生产教育和培训的权利,以掌握本职工作所需的安全生产知识,提高安全生产技能和事故预防、处置能力。

> 知情权非常重要。用人单位招用劳动者时,必须如实告知工作内容、工作条件、工作地点、职业危害、安全生产状况等有关情况。

• 你有权获得保障自身安全与健康的劳动条件和防护用品。

• 你有权对本单位安全生产管理工作提出自己的想法和建议。

• 你有权对本单位安全生产工作中存在的问题提出批评、检举、控告,单位不得进行打击报复。

• 当用人单位违章指挥和强令冒险作业时,你有权拒绝。

> 劳动者拒绝用人单位管理人员违章指挥、强令冒险作业的,不视为违反劳动合同。

劳动者享有安全生产权利

• 在发生直接危及自身安全的紧急情况时,

你有权停止作业，或者在采取相应的应急措施后撤离作业场所。

• 因生产安全事故受到伤害或患职业病时，你除依法享有工伤保险待遇外，还可依照民事法律的相关规定，向本单位提出赔偿要求。

［案例7—1］

河南某地有近200人来到南方一城镇打工，主要在一些石英砂厂从事石英砂粉碎和过滤工作。这两道生产工序会产生大量粉尘，3米内看不见人。正是这些粉尘，使100多名务工者先后患上1期、2期和3期矽肺病，其中5人不治身亡，其余的因无钱治疗，2、3期病人已丧失劳动能力，在死亡线上挣扎。直到大病缠身，这些进城务工人员才知道他们从事的作业和矽肺病有多么危险和可怕，纷纷拿起法律的武器和企业打起了官司。

> 这些石英砂厂厂主损害了务工人员的什么权利？违反了哪些法律规定？

［案例评析］《安全生产法》第45条规定，生产经营单位的作业人员有权了解其作业场所和工作岗位存在的危险因素、防范措施及事故应急措施。该案例中这些务工人员的知情权受到了损害。在工作前，企业主没有按规定告知他们所在的作业场所和工作岗位存在哪些危险和伤害，如何防范和施救，也没有按规定给务工人员配备必要的劳动防护用品，以杜绝和减少他们在生产过程中受到的伤害。

赚昧心钱的企业主固然可恶，可是进城务工

人员如果工作前知道自己的权利，多了解一点工作岗位上的安全生产知识及职业病的防护知识，这样的悲剧就会少许多。农民工朋友，如果企业主侵犯了你的安全生产权利，你可向当地劳动保障、安全生产监督管理、卫生等部门举报，他们会给你一个满意的解决方案。如果受到伤害，你还可以通过法律的途径向企业主索赔，甚至追究他们的刑事责任。

2. 女职工的劳动保护权利

如果你是一个女性进城务工者，你除享有一般的劳动安全保护以外，还依法享有一些特殊的劳动保护权利。《劳动法》和《女职工劳动保护规定》等法律法规规定：禁止安排女工从事矿山井下、森林伐木、登高架设、特别繁重体力劳动、有毒有害岗位劳动以及连续的大强度的负重作业等。同时，对女工的"四期"保护也作了相应的规定。

• 月经期的保护。单位不得安排从事高处、低温、冷水和重体力劳动强度的劳动。

• 怀孕期的保护。单位不得安排从事重体力劳动和有毒有害作业，不得安排加班加点；产前检查应当算作劳动时间，工资照发；怀孕7个月以上，单位一般不得安排上夜班；单位不得以女工怀孕为由解雇女工。

• 产期的保护。享有不少于90天的产假，产前休假15天，产假期间工资、福利待遇不变，单位不得以此为由解雇你。

• 哺乳期的保护。单位不得安排从事重体力和有毒有害作业,不得安排加班,一般不安排夜班;单位要在每班劳动时间内给予你两次哺乳时间,每次30分钟,不得以此为由扣你工资。

[案例7—2]

2001年3月,某乡镇煤矿从附近农村招收了20名工人,其中男性11名,女性9名。在分配工作岗位时,由于井下作业还缺工人,矿领导就从9名女工中挑选了3名身强力壮的到井下作业班组。由于劳动强度大,一个多月下来3名女工均感到无法胜任,找到矿长要求调换工作岗位。但矿长却推托说,眼下没有招收到工人来替代,还说时代不同了,男女都一样,让这3名女工继续从事井下作业。3人为此向当地劳动争议仲裁机构提出申诉。仲裁机构受理此案后,指出该矿安排女工从事井下作业是错误的。经调解,矿长同意立即给3名女工调换合适的工作岗位,3名女工撤诉。

> 矿领导这样的说法对吗?

[案例评析] 按照《劳动法》和《女职工劳动保护规定》,禁止安排女职工从事矿山井下作业等特别繁重体力劳动和对女工危害性大的劳动。该乡镇煤矿领导违反了《劳动法》和《女职工劳动保护规定》,侵害了这些女工合法的劳动保护权益,必须坚决纠正。

3. 未成年工的劳动保护权利

如果你是年满16周岁而未满18周岁的进城务工者,那么你就是个未成年工,国家对未成年工实行特殊劳动保护。

你享有的特殊劳动保护权利包括:

· 单位不得安排你从事电工、焊工、起重工等特种作业。

· 单位不得安排你从事矿山井下、有毒有害、森林伐木、登高架设、繁重体力劳动以及其他对你的发育成长有影响的作业。

· 单位应当及时对你进行健康检查,包括上岗之前、工作满一年以及年满18岁并距前一次体检时间已超过半年时,都要安排你进行体检。

[案例7—3]

某石料加工厂招收了8名刚满16周岁的未成年工,将他们安排在生产车间工作。一年后,被当地劳动保障行政部门发现,指派职业安全卫生检测机构进行检测,发现该厂生产车间由于缺少必要的劳动防护设施,粉尘浓度达到4级,严重超标。同时,经过调查了解,8名未成年工进厂后,厂方未按规定对他们进行健康检查。对此,劳动保障行政部门要求该厂:在一个星期内调换8名未成年工的工作岗位,不得再安排他们从事有害作业;采取措施降低车间粉尘浓度,使之控制在国家规定的标准之内;每年对未成年工至少进行一次健康检查。

厂方的做法对吗?

[案例评析]《劳动法》有关条款规定:不得

安排未成年工从事矿山井下、有毒有害、国家规定的第四级体力劳动强度的劳动和其他禁忌从事的劳动。用人单位应当定期对未成年工进行健康检查。该厂的做法显然违反了国家对未成年工实行特殊劳动保护的规定，侵害了这些未成年工的劳动保护权益。

在这里，还提醒想进城务工的未成年人，如果你尚未年满16周岁，请千万不要进城务工，因为你正在上学的年龄，又处于身体成长发育时期，不适于进城务工。就算你出来了，一般用人单位也不会招用。如果用人单位招用未满16周岁的童工，将会受到严厉的处罚。

二、你的安全生产基本义务

法律规定劳动者在安全生产方面享有基本权利的同时，也规定了劳动者在安全生产方面的基本义务，主要有：

• 遵守国家有关安全生产的法律、法规和规章。

• 在作业过程中，应当严格遵守本单位的安全生产规章制度和操作规程，服从安全生产管理。

• 在作业过程中，应当正确佩戴和使用劳动防护用品。

• 应当自觉接受生产经营单位有关安全生产教育和培训，掌握所从事工作应当具备的安全生产知识和操作技能。

• 在作业过程中发现事故隐患或者其他不安全因素时，应当立即向现场安全生产管理人员或者本单位的负责人报告。

> 如本单位对你的报告置之不理，可向当地安全生产监督管理部门举报。

[案例7—4]

一个夜晚，一家商场的职工都下班了，一名电焊工为赶任务在二楼独自进行电焊作业。电焊火花从楼板缝中落到了一楼，点燃了一楼存放的服装等商品，火势一下子就起来了，火苗直窜二楼。电焊工见势不妙，吓得连火警也没报就直接跑了。结果火越烧越大，等到周围群众发现火情，拨打"119"报火警，消防队赶到时，损失已经非常大了，一楼一名值班的商铺货主在火灾中死亡。

[案例评析] 由于该电焊工违章作业，导致火灾发生。而且他在火灾后不及时报警，以致造成重大经济损失和人员伤亡。因此，必然受到法

律的制裁。发现事故苗头或发生事故后，一定要在第一时间进行抢救并报警，防止造成更大的损失。

三、生产经营单位的安全生产责任

我国《劳动法》和《安全生产法》等法律法规明确规定了用人单位的安全生产责任，这些责任包括保障和教育两个方面。

> 了解生产经营单位的安全生产责任，有助于你争取在安全生产方面应享有的权利。

1. 保障

• 组织制定本单位安全生产规章制度和操作规程，并向从业人员告知作业场所和工作岗位的危险因素、如何防范事故以及事故发生后的应急措施等。

• 建立健全本单位安全生产责任制，按照《安全生产法》等规定，在企业内设立安全生产监督管理机构或者配备专职安全生产管理人员。

• 定期和不定期地督促、检查本单位的安全生产工作，及时发现和消除事故隐患。

• 提供保障安全生产的各种物质技术条件，包括各种设备、设施和器材等，都要符合安全生产条件。

• 明确企业内部各方面在安全生产中的责任，并有相应的奖励和处罚办法。

• 提供从业人员所需的劳动防护用品。

企业"一把手"是本单位安全生产工作的第一责任人，必须在人、财、物上保证安全生产的投入。特别是在有毒有害岗位,企业必须为从业人员配备合格和充足的劳动防护用品。

[**案例7—5**]

某化工企业为节省开支,不为工人配备耐酸手套,仅用普通手套替代,结果一工人手背被溅出的酸性液体腐蚀烧伤。工人向厂方讨说法,却被答复已经配备了手套,手背烧伤属工人自己不小心造成的,后果由工人自负。

[**案例评析**]厂方未能提供合格有效的劳动防护用品,导致了工人受伤,厂方应该负全责。除了支付工人医疗费、误工费等费用,还应立即为该岗位配备合格的耐酸手套,防止类似工伤事故的发生。

2. 教育

对新工人必须进行厂级、车间级、班组级"三级"安全教育,"三级"安全教育考核合格才能上岗。

• 针对工人所从事的岗位,进行安全操作技能的培训,杜绝违章操作。

• 对从事危险性较大的特种作业人员,如电气、起重、焊接、锅炉、压力容器等工种的作业人员,进行专门的培训,并在取得相应的操作证或上岗证后,才允许上岗操作。

• 进行经常性的安全教育,在职工中牢固树立"安全第一"的思想,及时克服麻痹大意和侥幸心理。

> 对于刚进入生产经营单位的务工人员,生产经营单位应进行安全教育和技能培训,以使其掌握岗位的安全生产要求。

四、违反安全生产法律规定的责任

安全生产不仅关系到你个人的安危,你的小小过失,还可能给企业、他人甚至社会带来损害。根据国家有关法律规定,对安全事故责任人员要追究法律责任。

1. 生产经营单位违反安全生产法律规定应负的责任

用人单位的劳动安全设施和劳动卫生条件不符合国家规定或者未向劳动者提供必要的劳动防护用品和劳动保护措施的,必须改正。违反安全生产规定发生安全事故,给劳动者造成损害的,应承担赔偿责任。对事故隐患不采取措施或强令劳动者违章冒险作业,造成重大伤亡事故或其他严重后果的,对责任人员要依法追究刑事责任。

[案例7—6]

2001年7月17日,广西南丹县龙泉矿冶总厂所属拉甲坡矿3号作业面发生透水事故,造成81人死亡,直接经济损失8 000余万元。经查明,这是一起由于非法开采国家保护性资源,以采代探、乱采滥挖,长期管理不力造成的重大责任事故。事故发生后,公司总经理黎东明不是尽力组织营救,而是指派手下封锁井口,隐瞒事故真相和死亡人数,用钱上下打点,企图蒙混过关。后经媒体揭露,被有关部门严肃查处。2002年6月6日,广西南宁市中级人民法院对黎东明做出一审判决:黎东明犯非法采矿罪、重大事故责任罪、妨碍作证罪、行贿罪等,数罪并罚,被判处有期徒刑20年,处罚金20万元。

[案例评析]黎东明企图用钱封住所有人的嘴,用武力阻挡记者的采访,用行贿买通有权管着他们的政府官员,这一切到头来,只能导致自己被加重处罚。广大的进城务工人员,当你们工作的单位发生事故后,特别是发生有重大人员伤亡的事故后,不要畏惧单位老板的威胁,要敢于挺身站出来,伸张正义,说出真相,反映灾情。因为在你们背后,有强大的政府在帮助、支持你们,一定会严惩黑心的老板,还你们和那些伤亡工友一个公道。

2. 生产经营单位从业人员违反安全生产法律规定应负的责任

· 如果你作为企业的员工，不服从管理，违反安全规章制度和安全操作规程，可由生产经营单位给予批评，并对你进行有关安全生产方面知识的教育。也可依照有关规章制度，对你进行处分，这要根据单位内部的奖惩制度而定。

· 如果由于你不服从管理或违章操作，造成了重大事故，构成了犯罪，将依照刑法有关规定对你追究刑事责任。

[案例7—7]

小李离家进城务工，在一家电石厂工作，由于工作勤奋，一年后被提为熔炼炉班长。12月的一天，刚投产两个多月的1号炉在两班工人交接时忽然爆炸，高达800℃的炉内熔融物像流星雨一样，四处喷溅到工人身上，造成41名工人不同程度的烧伤，其中5名重伤，烧伤面在97%以上，小李在事故中也被严重烧伤。后经查明事故原因是违章操作。小李作为当班管理者，没有严格按照新炉的安全操作程序，采用了错误的操作方法，以致造成恶果。

[案例评析] 单位和务工人员都有义务严格遵守安全生产制度。《劳动法》第56条规定，劳动者在劳动过程中必须严格遵守安全操作规程。这起事故可以说完全是当班工人思想麻痹、缺乏安全意识、违章操作造成的。劳动者不遵守安全操作规程，造成了伤亡事故，就要承担相应的法律责任，构成犯罪的还要追究刑事责任，既害了

> 现实生活中，一些进城务工人员就是因为忽视了安全生产，给他人造成了伤害，受到了法律的惩罚。

> 小李违章操作会受到什么样的处罚呢？

别人，也害了自己。对于遵守安全操作规程，千万不能掉以轻心，违章操作只能是害人害己。

思考与问答

1. 作为一名进城务工者，你在安全生产方面有哪些主要权利和义务？在权利受到侵犯时你该怎么办？

2. 企业应该在你工作前和工作中提供什么样的安全生产培训？

3. 违反安全生产法律规定，应承担什么责任？

4. 国家对女职工有哪些劳动保护规定？

5. 未成年工不能从事的职业（工种）有哪些？

6. 如果企业隐瞒了工作场所和岗位的危险因素，并且对你造成了伤害，你该怎么办？

第8课　掌握安全生产基本知识

一、"安全第一"牢记心中

在进城务工前，你务必要清楚一件事：生命和健康比挣钱更重要。

进城务工人员进入工作岗位以后，就要和各种机器、工具、建筑物和原材料打交道，这些机器、工具、建筑物、原材料可能存在各种意想不到的危险性，即不安全因素。如果你在生产劳动过程中不注意安全或不懂得正确的操作方法，就可能引发工伤事故，造成人员伤亡和财产损失。

因此，在生产劳动过程中，一定要树立强烈的自我保护意识，掌握安全生产知识和正确的操作方法，做到"三不伤害"：

- 不伤害自己；
- 不伤害他人；
- 不被他人伤害。

要做到"三不伤害"，你一定要注意以下几点：

1. 遵章守纪

遵章守纪对于安全生产至关重要。你进入企业后就会知道，企业为了确保工作和生产顺利进行，制定了各种规章制度，要求所有员工严格遵守。与安全生产有关的其他规定，如操作规程、劳动纪律等，也都是必须遵守的。安全生产方面的规

> 重视安全生产，做到生产安全，是每一个进城务工人员必须时刻牢记的。生命对于每个人来说只有一次，我们必须珍惜。

程,是用血的教训换来的。因此,一定要熟知、牢记,并严格按照安全操作规程办事,不能有任何侥幸心理。要时刻记住,遵章守纪就是保护自己。

[案例8—1]

一乡镇化工厂招收了一批务工人员,经"三级"安全教育后上岗。某天夜班,三男一女4个青年工人在车间里工作。突然,女工的一只水桶掉到空反应釜中,3个男工见女工的桶掉到釜中,便逞强下去拿。一个下去了,没上来,第二个下去,也没上来,第三个慌了,不敢下了,赶紧找人来救。等有经验的工人戴着呼吸机下釜,才将那两个人救上来,结果两名下釜男工都已死亡。经检测,釜中残留化学溶剂挥发,产生的有毒气体充满了釜中,直接导致两名下釜的工人中毒死亡。

[案例评析]这是一起因工人严重违反安全操作规程而导致的责任事故。在化工企业中，对下反应釜操作有着严格的安全规定和规程，一旦违反，就有可能招来杀身之祸。两名死亡工人虽然是受害者，但害他们的恰恰是他们自己。不遵守安全规程，未经检测釜内空气状况就擅自下釜，导致了悲剧发生。

2. 认真学习

进入生产岗位前，要了解和掌握所在单位和岗位的生产特点和生产过程的危险部位，掌握基本的安全生产知识，认真学习安全操作技术，然后方能上岗操作。如果学习时心不在焉，抱着应付态度，上岗后就难免发生工伤事故。

• 要认真参加单位组织的"三级"安全教育。

• 不懂就问。从事一项新的工作，有不少东西是过去没有见到过的，哪些不明白，要随时向师傅和同事请教。

• 弄懂再干。有些难以理解又一时弄不明白的地方，要弄懂后再干，如果不懂装懂，操作时就会出现差错。

3. 切勿蛮干

工业生产场所、建筑工地等工作现场，情况比较复杂，危险因素多，处处要小心谨慎，不可大大咧咧，更不可逞强蛮干。

[案例8—2]

某厂3名刚进厂的年轻工人从顶楼下来，正

> 安全生产这根弦一定要时刻绷紧，许多工伤事故的发生，就是由于疏忽大意、思想松懈、一味蛮干而引起的。

在往电梯里走,走在前面的一个工人有意要和身后两个人开玩笑。他疾步跑入电梯,没有关门就启动行车,结果紧跟其后乘电梯的一名工人两条腿被电梯门框挤断,同时脑部受到挤压,内脏出血,几秒钟前还是嬉笑着的青年当场死亡。

[**案例评析**] 近年来电梯、吊车等起重设备在企业中的应用越来越多,此类事故经常发生。特别是电梯敞门行车事故,其受害者往往是在遭受挤、卡、夹、压后死亡的。这起事故说明,在企业中危险因素很多,不要由着自己的性子乱开玩笑。机械无情,一不小心就可能惹祸上身。广大进城务工朋友们,千万不能大意呀!

4. 反复练习

有时会遇到这样的情况,心里明白怎么干,但是手脚不听使唤。所以,对所学的操作技能,只有经过反反复复的练习,达到得心应手的程度,才能确保安全,避免事故。

二、安全标志

在生产作业现场,针对危险物、不安全处及容易发生事故的设施和部位,都设立了安全标志。这些标志都是不说话的安全生产监督员,在默默地提醒和告诫大家注意安全。

下面介绍一部分常用的安全标志,图形请见书末彩页。

1. 禁止标志:是禁止或制止人们不安全行

为的图形标志。如禁止明火作业，禁止吸烟，禁止戴手套，禁止通行等。

2. 警告标志：是提醒人们对周围环境引起注意，以预防和避免可能发生的危险和事故的图形标志。如当心火灾，当心坠落，当心机械伤人等。

3. 命令标志：是强制人们必须遵守并做出某种动作或采用防范措施的图形标志。如必须戴安全帽，必须戴防护眼镜，必须系安全带等。

4. 提示标志：是提供目标所在位置与方向或其他信息的图形标志。如指示安全通道、动火区、灭火器、消防栓等。

对于安全标志，首先，你要做到熟悉和识别，然后做到认真自觉地遵守。一旦事故发生后，可以在标志的指引和帮助下，安全地疏散和撤离，确保自己的安全。绝对不可以因为安全标志的"默默无闻"就置之不理，这样的结果很可能就是事故和伤害来报复你了。《安全生产法》第28条明确规定：生产经营单位应当在有较大危险因素的生产经营场所和有关设施、设备上，设置明显的安全警示标志。如果未设安全标志，员工可以向企业提出，要求设立安全标志。如得不到答复，可向当地安全生产监督管理部门反映，督促企业尽快整改。

[案例8—3]

某纺织厂新招收了一批进城务工的女青年，某天夜班，由于电线短路引起火花，导致车间内失火。火势越来越大,在车间内的这批新工人由于对环境还不熟悉,加之车间内漆黑一片,根本找不到出口。这时,安装在墙上的安全通道指示牌发出了亮光,顺着指示牌的指引,她们手拉手安全地逃出了车间。没多久,火势就蔓延到了这个车间,如果没有这些安全标志的指引,后果不堪设想。

[案例评析]安全标志虽小,但在关键时刻作用却很大,有时可以防止一场事故,有时可以救你一命,千万不能小看它。

三、劳动防护用品

生产过程中存在的各种危险和有害因素,会伤害到你的身体和健康,有时甚至会致人死亡。在工作中,佩戴劳动防护用品是保护你在生产过程中安全与健康的一种辅助措施。

《劳动法》第54条规定:用人单位必须为劳动者提供符合国家规定的劳动安全卫生条件和必要的劳动防护用品。

> 劳动防护用品,又称为个人防护用品。

1. 防护用品的种类

• 头部防护用品。主要指安全帽,它能使冲击力分散,并使高空坠落物向外侧偏离,减轻伤害的程度。

• 呼吸器官防护用品。如防尘口罩和防毒面具等。

• 眼、面防护用品。如防护眼镜和电焊面罩等。

• 听觉器官防护用品。如耳罩和耳塞等。

• 手、足防护用品。主要指防护手套和防护鞋。如绝缘手套、耐酸（碱）手套、焊工手套、橡胶耐油手套、绝缘皮鞋、胶面防砸安全靴等。

• 防护服装。如灭火应穿的阻燃工作服，从事酸（碱）作业应穿戴的防酸（碱）工作服，以及防静电工作服等。

• 高处坠落防护用品。如安全带、安全绳、安全网等。

2. 如何确保企业给你配备合格有效的劳动防护用品

首先要根据《劳动防护用品配备标准》，看你所从事的岗位和工种需要配备何种防护用品。其次要看配备的劳动防护用品合格不合格，主要看生产和经营劳动防护用品的单位是否持有安全生产监督管理部门颁发的安全生产许可证和经营许可证。你所在企业必须使用有生产许可证的单位生产的劳动防护用品，或必须从有经营许可证的单位购买劳动防护用品。只有切实保证劳动防护用品的质量，才能使其真正发挥作用。

> 如果你需要佩戴劳动防护用品，请在使用前认真阅读产品安全使用说明书，确认其使用范围、有效期限等内容，熟悉其使用、维护和保养方法，一经发现受损或超过有效期限等情况，绝不能冒险使用。

［案例8—4］

一高层建筑施工工地为高空作业的工人配备了安全带，下面还张了安全网，号称"双保险"，让工人在上面放心大胆地干活。一天，一工人不小心一脚踩空，摔了下来。结果安全带挂钩根本经不住下坠的力量，断了；安全网牢度不够，破了。"双保险"结果成了不保险，导致工人重伤。后查明，是施工企业为了降低成本，从不具备劳动防护用品经营资格的单位购进了不合格的安全带和安全网，造成了这起事故。

［案例评析］现在一些私营企业主为降低成本，给工人使用便宜的、不合格的劳动防护用品。你一定要睁大眼睛，提高自己的认知和识别能力，防止假冒伪劣的劳动防护用品损害你的安全和健康。

3. 三种主要防护用品的穿戴注意事项

• 工作服。很多工作都需要穿工作服。工作服要整洁，这标志着人有朝气、有精神；穿着要合身，做到"三紧"（即工作服的领口紧、袖口紧、下摆紧），防止敞开的袖口或衣襟被机器卷夹。禁止赤膊工作。

• 安全帽。人的头顶和帽体内顶部的空间至少有 32 毫米才能使用；使用时不要将安全帽歪戴在脑后，帽带不能系得太松；要注意定期检查，如发现帽子有裂缝、下凹或严重磨损时，应立即更换。

• 防护手套。用于防止在劳动过程中对手部的伤害，如磨损、刺伤、割伤、灼烫、酸碱腐蚀等。常见的有纱手套、帆布手套、皮手套、乳胶手套等。对手套要经常检查，如有老化、破损应及时更换。特别是绝缘手套，一旦老化，将严重影响其绝缘性，引发触电事故。此外，在金属切割、车床操作时，一般严禁戴手套，以避免被机床上的转动部件缠住或卷进而引发事故。

［案例 8—5］

某机械厂一名进城务工的年轻女工，平时十分爱美。一天梳了个漂亮的发型，可工作时要求戴安全帽。戴吧，怕把发型毁了；不戴吧，又怕被安全管理员查处。于是她想了个办法，将安全帽斜斜地戴在脑后，这样一来，既不影响发型，又可逃过安全管理员的检查。就这么巧，这天厂里检修，上面一个工人不小心，一个大号扳手掉了下来，正砸在她的头上，因为安全帽斜戴在脑后，扳手砸伤脑门，结果爱美不成，反而受伤住进了医院。

［案例评析］你如果在生产经营单位务工，需要使用劳动防护用品时，请一定按照规定正确

使用和佩戴，千万不能马虎从事。不怕一万就怕万一，假如图一时省事惹来事故和伤害，后悔就晚了。

四、岗位操作安全

广大的进城务工人员，从农村来到城市，进入到大大小小各类企业中工作。这些企业分别属于采掘业、制造业、建筑业、交通运输业、商业、服务业等不同行业。每个行业因为其自身特点，原材料、生产工艺、生产过程各不相同，工人在生产工作过程中的危险性及可能受到的伤害程度也不尽相同，因而对岗位操作安全的要求也是不同的。下面介绍的是进城务工人员应了解和掌握的最基本的岗位操作安全知识。

1. 安全操作

• 操作前的检查。工作前，必须对所操作的设备、装置、工作物等进行检查。各种设备、装置都必须处于正常状态下才能使用，堆放物体、挖沟埋管都必须牢靠稳固。如果发现问题，应立即通知有关人员检修。

从事拆建房屋、修路埋管等建筑施工，应在施工前对建筑物体进行仔细查看，查看有无倒塌等可能，只有确保安全方可进行施工。

• 严守操作规程。这是保证安全生产的前提条件。绝不可为了图省事、赶进度，而违反规定的操作程序。

• 须警惕的事项。在生产过程中遇到机械发生故障，应向管理人员报告，请专门检修人员修理，不可自行拆装。

物体吊运中，不可用手或脚纠正物体歪斜，或拔拉吊索。出现异常情况，物体周围人员应撤离危险区，待运动中的物体放稳以后，再予以纠正，恢复安全状态。

从事登高作业，脚不可踩踏在摇晃、承受力不足、支点不牢固的物体上，以免发生高空坠落事故。

2. 制止违章作业

对下列违章作业或不安全的行为，企业安全管理人员都有责任加以制止，同时操作工人也应相互提醒和制止，以避免事故的发生。

• 操作机械，移动物体，方法不正确。如开动冲床时，将手伸入危险区域，直接在冲模上拿取或装卸零件。

• 物体支撑物不坚固牢靠。

• 进入操作危险区域。如靠近正在运转的机器；起重机工作时，在作业区域，如起重臂、吊钩和被吊物下面站立、工作或通过等。

• 对正在运转的机械装置进行清扫、加油、移动或修理等。

• 在无安全信号和许可的情况下，突然开动机械或移动车辆、物体。

• 使用有缺陷的工具、吊索具、机械装置。

如使用老化锈蚀的钢丝绳，出现裂纹的吊钩，磨损严重的滑轮等。

• 在机械运转状态下，擅自离开，将机械、材料、物体置于不安全的状态下或场所中。

• 私自拆除机械安全装置，使安全装置失效。

• 从事非本人所应从事的工作，特别是电工、焊接、吊运、车辆、电梯、搭脚手架等危险性较大的特种作业。

• 登上运转中的机械，或跳上、跳下正在运行中的车辆。用手代替规定的工具作业。

• 不穿戴规定的劳动防护用品，或劳动防护用品不符合安全要求。

3. 防止触电事故

用电不当可能给我们带来伤害。因此，要了解安全用电知识，防止发生触电事故。

• 电灯不亮或电气设备发生问题，如果你不是电工，就千万不要盲目去摆弄。

• 发生线路故障，应请电工排除，不得随意处理或拖接临时线。

• 严禁使用损坏的插头、插座，严禁使用绝缘体磨损的电线。

• 接地线不得随意拆除。

• 用电前须检查漏电保护器或防触电装置是否正常。

• 移动电气设备前，应先切断电源。

•在潮湿地或有水作业区操作,应事先检查线路是否漏电,线路周围物体是否导电。

•在高压架空电线附近工作时,须特别小心,要保持一定的距离,绝对不能触碰。

•电工作业时,不得赤膊、赤脚、穿拖鞋,应按规定穿戴好防护用品和使用专用电工工具及用具。在停电检修时,必须在闸刀处挂上"正在检修,不得合闸"的警告牌。

4. 防止火灾、爆炸事故

一旦发生火灾、爆炸,其危害性是十分严重的。每个从事生产劳动的人都应该掌握必要的防火防爆知识。

•从事易燃易爆作业的人员必须经主管部门进行消防安全培训,并经考试取得合格证后方可上岗。

•要严格贯彻执行生产经营单位制定的防火防爆规章制度,禁止违章作业。

•严禁在从事易燃易爆作业(生产、使用、运输、储存)时或在易燃易爆储存场所吸烟或乱扔烟头等火种。

•生产、使用、运输、储存易燃易爆物品时,一定要严格遵守安全操作规程,切不可盲目乱干。

•在工作现场动用明火,须报主管部门批准同意,并做好安全防范工作。

•不要将能产生静电火花的电子产品,如手

机、寻呼机带入易燃易爆危险场所。

• 对于车间内配备的一般性防火防爆器材，应学会使用，并且不要随便挪用或损坏。

• 一旦发生火灾、爆炸，千万不要惊慌失措，应立刻通知附近的人投入灭火抢救工作，并迅速打电话给消防队报警，电话号码是"119"，讲清发生火灾的正确地址及附近的通道情况。

5. 防止高处坠落事故

需要登高作业的工作很多，如拆房建房、装卸检修等。坠落事故的伤害一般较为严重，因此，我们必须认真防止坠落事故的发生。

• 作业场所预留孔洞必须加设牢固盖板、围栏或架设安全网。

• 脚手架的材料和脚手架的搭设必须符合规程要求，使用前必须经过检查和验收。

• 使用有防滑条的脚手板，钩挂牢固，禁止在玻璃棚天窗、凉棚、石棉瓦屋面、屋檐口或其他承受力差的物体上踩踏。

• 凡施工的建筑物高度超过 10 米，必须在工作面外侧搭设 3 米宽安全网。

• 施工人员在高处作业时，必须戴好安全帽、系好安全带。使用安全带前应检查安全带的缝制和钩挂部位是否完好可靠，如发现磨损要及时修理或更换。安全带应系于腰部，挂钩应扣在不低于作业者所处水平位置的固定牢靠处。特别危险场合还要系好安全绳。

• 使用梯子前应检查强度,特别要注意有无缺档、裂纹、腐蚀和防滑垫。

• 梯子支靠的角度为 75 度左右,支靠时梯子顶端伸出去的长度应为 60 厘米以上。

• 梯子上下部分应用绳索固定,不能固定时,下面须有人扶住。

• 操作人员上下梯子时面朝内,不得以不稳定姿势作业。

五、事故发生以后

经过安全教育,尽管增强了安全意识,懂得了安全操作的基本知识,也在千方百计避免事故和人身伤害,然而,事故和伤害很难做到绝对不发生。万一发生事故,如果处理不当,也会带来不可挽回的损失。

例如,有人触电,就急忙上前去拉,结果自己也同样触电;一听到着火,没有搞清火源,一拥而上,结果又发生爆炸,造成更大伤亡;发生坠落或淹溺事故后,不懂如何救护,延误了救治时间,使本来可以救治的没能救治,失去了宝贵的生命,等等。所以,提高发生事故后采取应急措施的能力非常重要。

1. 发生事故后采取应急措施的原则

• 不要惊慌失措,要保持情绪稳定,慌乱只会使自己束手无策。

• 在采取应急措施时,要预先估计可能产生

的后果。

• 听从领导、安全管理人员或有经验同事的指示和安排。

• 要根据不同的事故及人员伤势情况,采取不同的措施,如立即停机、断电等,使受害人脱离致伤物。抢救触电人员时,必须在切断电源后进行,并注意保护受伤者的受伤部位,进行伤口止血、包扎、固定、人工呼吸等抢救,并立即联系车辆,送往医院。

• 发生化学灼伤,灼伤的皮肤或眼部应立即用水冲洗,然后再送往医院治疗。

• 发生事故,不管是轻微伤害还是无伤害,都要按规定报告单位领导或有关部门,绝不能隐瞒。

2. 外伤现场的急救

• 止血。成年人大约有 5 000 毫升血液,当伤员出血量达 2 000 毫升左右,就会有生命危险，必须紧急对伤员止血。止血的方法有直接压迫止血法、加压包扎法、填塞止血法、指压动脉止血法（用手掌或手指压迫伤口近心端动脉）。止血用物品要干净，防止污染伤口；止血带使用不能超过1小时，不能用金属丝、线带等作为止血带。

• 包扎。包扎是为了保护伤口，减少污染，止血止痛，固定敷料。包扎材料可用绷带、三角巾或干净的衣服、床单、毛巾等。

• 固定。固定是为了防止骨折部位移动（骨折端部移动时会损伤血管、神经、肌肉），减轻伤员痛苦。固定时动作要轻，固定要牢，松紧要适度，皮肤与夹板间要垫一些衣服或毛巾之类的东西，防止因局部受压而引起坏死。

需要注意的是，伤员休克或大出血时，先要（或同时）处理休克、止血；刺出伤口的骨头不要送回伤口，避免加重感染。

• 搬运。要特别小心保护受伤处，不能使伤口创伤加重；要先固定好再搬运；对昏迷、休克、内出血、内脏损坏和头部创伤的，必须用担架或木板搬运；尤其是对颈、胸、腰段骨折的伤员，一定要保证受伤部位平直，不能随意摆动。

搬运是急救的重要步骤，搬运方法要根据伤情和各种具体情况而定。如果搬运方法不当，极有可能加重伤者的伤势，给以后的医治带来困难。

3. 触电者的现场急救

如果在工作现场发现有人触电,应立即进行现场急救。记住,这时争取 1 分钟甚至可以挽救一个人的生命。

现场急救的注意事项主要有:

• 使触电者迅速脱离电源。发生触电事故时,切不可惊慌失措,首先要迅速切断电源,这是能否抢救成功的首要因素。

• 当伤员触电后,身上有电流通过,如抢救错误,不注意自身安全,抢救者同样会触电。必须先使伤员安全脱离电源后,现场人员方可施救。

• 救护人员不准直接用手去拖拉触电者,不准用其他金属或潮湿的物体作为救护工具,应使用绝缘工具,并防止在场其他人员再次触电。使用绝缘工具以单手操作为宜。在伤员未解脱电源前,不准触碰触电者身体。

• 要防止处于高处的触电者在脱离电源后,可能出现坠落摔伤,引发二次事故,应考虑防坠摔伤的安全措施。即便在平地也要注意伤员倒下的方向。

• 触电者脱离电源后,应区别情况立即对伤员做有关应急处理,并迅速送往医院抢救治疗。

思考与问答

1. 请想一想在你自己工作环境中存在哪些不安全因素?如何在生产劳动过程中做到"三不

伤害"？

2. 安全标志分哪几类？你的工作单位和岗位有哪些主要安全标志？你知道它们的含义吗？

3. 结合你所从事的工作，谈一谈岗位操作安全最基本的要求有哪些？

4. 劳动防护用品主要分哪几类？你从事的工作需要用到哪些劳动防护用品？如果企业不提供合格、安全的劳动防护用品，你该怎么办？

5. 工作服要做到哪"三紧"？

6. 结合实际，谈谈你工作的岗位发生事故后，你应该怎么办？

7. 外伤急救应注意哪些事项？

8. 对触电伤者，如何展开现场急救？

了解特种作业和职业危害

第 9 课

特种作业安全和职业危害都是你在工作中可能遇到的问题，下面我们就作一简单的介绍，希望能对你有所帮助。

一、特种作业安全管理

特种作业是指容易发生人员伤亡事故，对操作者本人、他人及周围设施的安全有重大危害的作业。如果你在企业中从事特殊工种的工作，那么你就是一名特种作业人员。为了规范特种作业人员的安全技术培训、考核与发证工作，防止人员伤亡事故，促进安全生产，国家制定了一系列特种作业人员安全监督管理方面的规定。

1. 特种作业的种类

2002 年国家安全生产监督管理局下发了《关于特种作业人员安全技术培训考核工作的意见》，其中规定特种作业有 17 类，具体是：电工作业；金属焊接、切割作业；起重机械（含电梯）作业；企业内机动车辆驾驶；登高架设作业；锅炉作业（含水质化验）；压力容器作业；制冷作业；爆破作业；矿山通风作业；矿山排水作业；矿山安全检查作业；矿山提升运输作业；采掘（剥）作业；矿山救护作业；危险物品作业；经国家安全生产监督管理局批准的其他作业。

2. 从事特种作业的条件

你如果要从事特种作业，必须具备以下基本条件：

• 年龄满 18 周岁。

• 身体健康，无妨碍从事相应工种的疾病和生理缺陷。

• 初中（含初中）以上文化程度，具备相应工种的安全技术知识，参加国家规定的安全技术理论和实际操作考核并成绩合格。

• 符合相应工种作业特点需要的其他条件。

3. 对特种作业人员的培训、考核、发证和复审

《关于特种作业人员安全技术培训考核工作的意见》规定：特种作业人员必须接受与本工种相适应的、专门的安全技术培训，经安全技术理论考核和实际操作技能考核合格，取得特种作业操作证后，方可上岗作业。

> 特种作业操作证在全国通用。

• 培训。首先由你自己或由企业为你找一个培训单位，负责对你的特种作业技能进行培训。但要记住，培训单位应当具备相应的条件，并经省、自治区、直辖市安全生产综合管理部门或其委托的地、市级安全生产综合管理部门审查认可。培训教材和考核内容由有关安全生产综合管理部门制定或组织编写。通过一段时间的专业培训，就可以基本掌握你所从事的特种作业的技能

了。当然，这还需要你认真学习，勤奋努力，否则你将不能通过考核，依然不能从事特种作业。

• 考核、发证和复审。特种作业人员安全技术的考核，应当由特种作业人员、用人单位或培训单位向当地负责特种作业人员考核的单位提出申请。考核单位自考核开始之日起，应在15日内完成考核，经考核合格的，发给相应的特种作业操作证（含IC卡）；考核不合格的，允许补考一次。特种作业操作证由国家安全生产监督管理局统一制作，各省级安全生产监督管理部门、煤矿安全监察机构负责签发。

记住，你持有的特种作业操作证需要每2年复审一次。连续从事本工种10年以上的，经用人单位进行知识更新教育后，复审时间可延长至每4年一次。未按期复审或复审不合格的，其操作证自行失效。

［案例9—1］

小王看到某建筑工地在招聘工人，主要从事脚手架的搭建工作，便去应聘了。在应聘过程中小王隐瞒了自己有恐高症，结果一上工地，在离地10米的高度，小王只觉得头晕目眩，根本控制不住自己，更别说工作了。为了保住这来之不易的工作，小王硬挺着上了脚手架，一转身，脚下一软，从脚手架上摔了下来。幸好有安全网救了他一命，否则后果不堪设想。

你觉得发生这起意外事故过错在谁呢？

［案例评析］发生这起意外事故，用人单位

也就是这家建筑工地和小王都有一定的过错。小王的过错在于不应该隐瞒自己有恐高症的事实，为了工作，去干自己不能胜任的爬高上梯的架子工。工作固然重要，可是自己的生命安全更重要。建筑工地的过失在于，架子工属于登高架设，是特种作业。小王一没有经过培训，二没有特种作业操作证，就让他从事有一定危险性的登高作业，结果出了事故，企业应负相应责任。

二、职业危害的种类和预防

你离开家乡进城务工，赚钱固然重要，安全健康的工作环境同样不可忽视。

广大进城务工人员从事的工作，有些可能是职业危害较大的，可以引发多种职业病，严重损害你的健康，诱发癌症等恶性疾病，导致身体残疾甚至死亡。

用人单位有义务将作业场所和工作岗位的职业危害情况如实告知劳动者，劳动者也有权了解这些危险因素和防范措施。

职业危害因素有多种，常见的可归纳为以下几类：

• 与生产过程有关的职业危害因素。包括生产性毒物（如铅、苯、汞、砷、酚、有机农药等）和生产性粉尘（如矽尘、煤尘、石棉尘、金属粉尘、有机性粉尘等），不良的工作条件（如高气温、高湿度、高气压、低气压等），辐射（如紫外线、红外线、高频、微波、激光、电离辐射等），生产性噪声，某些生物因素（如微生物或寄生虫、炭疽杆菌、森林脑炎病毒等）。

> 注意，这是目前引起职业病最为多见的职业性有害因素。

• 与劳动过程有关的职业危害因素。如果你所在的企业劳动组织或制度不合理，如劳动时间过长、休息制度不健全等；劳动强度过大或作业的安排与劳动者的生理状态不适应；长期处于某种不良体位，或长时间单调、重复动作；个别器官或系统过度紧张等，这些都会影响和损害你的健康和安全。

• 与作业场所的卫生技术条件不良或生产工艺及设备、设施落后有关的有害因素。生产场所设计不符合卫生标准和要求（如车间布置不合理）；缺乏必要的卫生技术设施（如通风、照明等）；缺乏防尘、防毒、防暑降温等设备或设备不完善；其他的安全防护和个人防护用品不足或有缺陷等。

要预防职业危害因素对劳动者造成伤害或引发职业病，主要是生产经营单位应积极采取综合防治措施，从原料、工艺、设备等方面进行改进，降低职业危害因素的产生，减少作业人员与职业危害因素直接接触的机会，这是最根本的措施。同时，还要针对不同的职业危害因素进行防护。

下面，向你介绍几种常见的职业危害及其预防方法。

1. 粉尘的危害和预防

这里的粉尘是指能悬浮在空气中的固体微粒，是在生产过程中所产生的粉尘。

粉尘主要通过呼吸道侵入人体，时间长了会发生尘肺，就是大量的粉尘在肺部沉积，或是导致肺部纤维化，也可能引起支气管炎甚至呼吸系

> 要采取技术革新和密闭、湿式、通风除尘作业等措施，从根本上减少和消除粉尘；或使用劳动防护用品来防止和减少粉尘危害。

统肿瘤。有些可燃性粉尘分散在空气中,形成粉尘云,一旦引燃会引发爆炸,危害最大。

有资料表明,就算粉尘作业场所采取了湿式防尘、通风除尘等措施,但总还有一些粉尘未被除去,微细的但危害性最大的粉尘漂浮在车间空气中,这样,使用个人防尘用品成了阻挡它们的最后一道关卡。这些用品有防尘口罩、防尘面具、防尘头盔等。

[案例9—2]

1993年,某煤矿发生爆炸,40位矿工当场遇难。后查明事故的直接原因是某放炮员违章放明炮,明炮扬起的大量积尘悬浮在空中,迅速蔓延,达到了爆炸浓度,并被爆破产生的火焰引燃,立刻引发了所在工作面的煤尘爆炸。爆炸产生的冲击波同时向上、下两个方向传播,引发了一系列的连锁爆炸,人员伤亡,经济损失惨重。究其根本原因,还是煤矿领导和工作人员思想上松懈麻痹,疏于管理,如果能按照安全操作规程,保持通风,严格执行工作面洒水制度,煤尘就不会大量积聚,这起事故就可以避免了。

[案例评析] 在封闭空间里的可燃性粉尘发生爆炸,是在一定浓度范围内才发生的,所以只要对有爆炸危险和火灾危险的粉尘在进行通风除尘时给予注意,采取一定的措施预防,是完全可以避免事故的。

2. 有毒有害物质的危害和预防

有毒有害物质的危害在于有可能通过呼吸道、消化道和皮肤被人体吸收。人的肺泡总表面积很大（70～90平方米），气体毒物和烟雾往往很快被吸入。消化道可能成为有毒有害物质侵入的途径。如毒物污染手及食物，毒物随食物入口；或发生意外，误将毒物吞食。有些毒物会通过皮肤吸收。一些毒物（如苯胺）在工作时污染衣服，可以经皮肤吸收引起中毒。有机磷农药在夏季喷洒时，暴露部位皮肤面积大，即有经皮肤吸收中毒的危险。

毒物的危害是：对皮肤或呼吸道产生强烈的刺激和腐蚀，阻止你的血液对氧气的吸收，降低你身体的免疫能力，易发生多种恶性疾病，如果对毒物的吸收达到一定的量，将直接导致死亡。

[案例9—3]

某地开办了一家鞋厂，招用了一批十八九岁的女青年从事胶粘等工作。一段时间后，部分女青年发现自己易生病，而且身体越来越虚弱，到医院一查，发现很多人得了白血病或其他疾病，得病比例很高。不久，有些女青年就早早离开了人世，有些女青年终身不能下床，其他人也都浑身乏力，根本干不了什么工作。

> 是什么让这些女青年遭遇如此厄运？

[案例评析] 这是一起工业毒物造成严重职业伤害的案例。该鞋厂生产中使用的皮革胶粘剂中含有的苯及苯类化合物损害了这些女青年的健康。苯是一种强致癌物。狠心的企业主为节省开

支,使用含苯的胶粘剂,又没有任何防护措施。这些女青年长期和含苯的胶粘剂接触,导致了集体苯中毒,引发了白血病等恶性疾病,毁了她们美好的一生。企业主的贪婪,女青年们对工业毒物的不了解造成了这一悲剧的发生。

预防有毒有害物质的危害,必须监督和督促企业做到:

• 在生产过程中尽量不用或少用有毒物质,应以无毒物、低毒物代替。

• 凡使用有毒物质或会有毒物产生的生产过程,设备均应封闭,以防有毒物质的泄漏。

• 要加强车间通风、隔离,降低有毒有害气体浓度,直至作业环境中的浓度降至国家规定的卫生标准。

• 加强教育培训,使工人了解工业卫生安全基本知识。

> 这一点非常重要,也是你必须争取的基本权利,当地的卫生和安全生产监督管理部门会给予你支持和帮助。

• 定期为接触毒物的人员体检。

你自己要做到:

• 严格执行生产工艺规程。

• 遵守个人卫生和个人防护规定。

• 不应在可能被毒物污染的地方存放食物,也不应在那里就餐、饮水和吸烟。

• 下班后洗澡,换下的工作服等应放在固定地方,不能和平时穿着的衣服混放。

• 应按规定佩戴齐全个人防护用品。

3. 噪声的危害和预防

噪声,简单地说就是你不喜欢的声音。它会引起听力损伤,破坏听神经。噪声过强会造成听觉器官的受损,还会影响你的神经系统、消化系统和免疫系统,影响你的休息和睡眠,虽不致命,却也会严重影响你的健康,分散你的精力,加大事故发生的可能。

• 噪声的预防通常采取吸声、消声、隔声、减振的方法,使其强度符合国家规定的要求。吸声是在工作场所内设置吸收声音的装置,使噪声强度降低。隔声是利用隔声材料将噪声发生源包围,阻断噪声的传入和传出。减振就是减少振动,从而降低噪声。

• 佩戴好耳塞、耳罩、帽盔等用品来保护听觉器官,做好个人防护。

• 定期进行健康检查特别是听力检查,以便及时发现听力损伤。企业要在工作中适当安排工间休息,休息时工作人员应离开噪声环境。

4. 其他职业危害的预防

• 高温防护。通常采用隔热、通风、降温等措施,同时做好清凉饮料的发放,预防中暑。

• 紫外线防护。主要是冶炼、焊接等工作会遇到。在焊接作业时,采用自动或半自动焊接,佩戴专用的防护面罩、防护眼镜和防护手套,焊接时不得裸露皮肤。应使用可移动的遮挡材料屏蔽操作区,防止其他人员受到紫外线照射。

思考与问答

1. 特种作业有哪些？你现在从事的是不是特种作业？

2. 从事特种作业需要具备哪几个基本条件？特种作业操作证几年复审一次？

3. 如果企业让你从事特种作业，又不安排你去培训、考核并领取特种作业操作证，你该怎么办？

4. 常见的职业危害因素有哪几类？你的作业场所和工作岗位存在这些危险因素吗？用人单位招工时是否告知过你？

5. 你希望自己的工作环境是什么样的？如果你的工作环境存在职业危害因素，你认为该采取哪些措施？

6. 请简要谈谈粉尘、有毒物质、噪声的危害有哪些，如何预防？

第四章 遵守社会公德 适应城市生活

城市与农村相比，在生活的各个方面都存在着很大的差异，特别是城市生活中涉及"公共"的问题远比农村突出。当你进入到城市后，面对全新的环境，该如何去适应呢？这一章将为你介绍有关公共生活行为规范和城市生活基本常识的一些内容，帮助你树立起做一个城市文明居民的观念，自觉遵守社会公德和城市生活的法律法规，掌握日常生活事务的处理方法，以及增强安全意识。

第10课 遵守社会公德

为了保障社会生活正常有序地进行，人们在长期的实践中逐步形成了社会交往和公共生活中的行为准则，这就是我们所说的社会公德。社会公德是社会公共生活领域的道德，是所有公民都应当遵循的最基本的道德要求。

一、了解和遵守社会公德主要规范

社会公德的内容随着社会进步不断发展。我国现时期社会公德的主要规范是：

1. 文明礼貌

文明礼貌体现在一个人言行举止的各个方面,你应该着重注意以下几点:

• 卫生整洁,仪表文明。包括面容整洁、头发齐整、早晚刷牙、经常洗澡、勤换衣服等。

• 谈吐礼貌,语言文明。要习惯于运用礼貌语言,如"您好""谢谢""对不起""没关系"等,请别人帮忙要说"请问""请帮忙""请关照"等。与人交谈时诚恳、和气,不说脏字、粗话。

• 谦和礼让,举止文明。生活中行路、乘车、购物、做客和参加集体活动等,都应注意礼节,谦虚和蔼,礼让他人,遵守秩序,使自己行为举止符合文明要求。任何场合都不可粗暴无礼,背离公共生活准则。

2. 助人为乐

助人为乐体现了中华民族团结互助的优良传统和社会主义人道主义精神。

• 要树立关爱他人的思想，把帮助别人作为自己的责任，养成乐于助人的良好品德。

• 要特别注意保护儿童，尊重妇女，尊敬和关怀老年人，关心帮助鳏寡孤独和残疾人。

• 对于遭到不幸和困难的人们，应给予同情、支持和尽可能多的物质帮助。

[案例 10—1]

2007 年 7 月 20 日晚，两名大陆志愿者杭彬和小艳捐赠的造血干细胞抵达台北桃园机场，当夜就移植到台北和花莲的两位患者体内。在此之前，台湾骨髓捐赠者的"爱心血"已经不止一次跨海救助大陆同胞。2007 年初，来自台湾的造血干细胞成功挽救了苏州男孩小建文的生命。截止 2007 年 3 月，中华骨髓库入库资料已超过 55 万人份，实现捐赠 630 多例，正在造福更多的患者。

[案例评析] 这一件件骨髓捐助的事迹，无不向人们述说着助人为乐的高尚情怀，展示着救死扶伤的人道主义精神，是社会进步的重要标志。

3. 爱护公物

爱护公物是每个公民应承担的社会责任和义务。要切实做到：

• 自觉爱护国家和社会的公共财产，珍惜社会共同劳动成果，反对和抵制任何侵害公共财物的行为。

• 注意爱护公共设施，包括关系经济社会正常运行的水电线路、通信设备和交通、消防等设施，以及直接服务大众生活的设施如电话亭、阅报栏、路牌、路灯、路边坐具等。

• 要爱护历史文物，保护古迹。祖国文物古迹是中华民族悠久历史的见证，是祖先留下来的宝贵遗产，具有无可替代、难以估量的文化价值。

［案例10—2］

在某地的道路建设中，挖出了几座古墓。现场一些施工人员纷纷抢拿陪葬品，尽管工地负责人上前制止，但仍有人将陪葬品藏匿起来。直到文物部门和公安部门追缴，这些人才将藏匿的物品上交。经鉴定，这些陪葬品中有些是很有价值的文物。

他们这么做正确吗？

［案例评析］历史文物是属于国家和人民的宝贵财富，抢夺、藏匿文物的行为是一种违法行为，情节严重的要受到法律的制裁。对于现存的文物，我们一定要做到爱惜保护，因为这代表了历史。

4. 保护环境

生态环境问题正在对我国经济和社会发展造成严重影响，保护环境越来越受到国家和社会的高度重视，并且成为社会公德的一项基本规范。

• 要爱护自然生态环境。自觉地维护森林、草原、江河、湖海等生态系统，保护好大自然，不做污染和破坏环境的事情。

• 要节约自然资源。注重节约用水，保护水资源，节约和节制使用各种资源、能源，为建设节约型社会出力。

• 积极参加改善环境的活动。例如，义务植树活动，城乡环境整治活动，垃圾分类和综合利用活动，以及推广"环保型"室内装修等。

5. 遵纪守法

遵纪守法是每个公民必备的道德品质，是维护社会公共秩序必不可少的行为规范。做一个遵纪守法的公民最基本的要求是：

• 具备牢固的遵纪守法意识。要努力增强法制观念，使遵纪守法成为自觉的行为，以遵纪守法为荣，以违法乱纪为耻。

• 了解必要的法律知识。要学法、知法、懂法，做到知法明纪，使自己的行为符合法律和纪律的要求。

• 养成遵纪守法的良好习惯。要坚持不懈，自觉磨炼，"勿以善小而不为，勿以恶小而为之"，时刻牢记法纪规范，清醒把握自己行为。

[案例 10—3]

2004 年，在安徽阜阳发生了震惊全国的劣质奶粉事件。当地农村有 100 多名婴儿由于喂食劣质奶粉导致严重营养不良，变成了四肢短小、身体瘦弱、脑袋偏大的"大头娃娃"。几年过去了，据报载，有关研究部门的追访调查发现，这些当年的"大头娃娃"至今仍发育迟缓，婴儿时期营养严重不良可能造成终身影响。

[案例评析] 这是一个令人痛心的结果。不法生产者和经营者无视法律规定，见利忘义，不仅危害了当今社会，而且将遗祸长远。这再一次说明，一个肆意违犯法律的人，同时也失去了起码的社会公德。

二、遵守城市生活的法律法规

到城市务工，必须了解城市生活的一些法律法规，并遵守这些法律法规。

1. 遵守交通规则

国家颁布了《道路交通安全法》和《道路交通管理条例》，各个省市也颁布了相应的交通法规。从农村来到城市，务必要注意当地的交通规则，确保自己在出行时的安全。以下一些交通常识，请你牢记：

- 在我国各地（除港澳台地区外），车辆都必须在道路右边各自的线路上行驶。
- 交通警示灯是绿灯时，代表准许通行；黄灯时，代表即将禁止通行；红灯时，代表禁止通行，这时车辆和行人都不可以再通过路口。
- 徒步出行时要遵守下列规定：行走应该在

（红灯停，绿灯行。）

> 步行、骑车外出时都要注意安全,防止意外。

人行道上,没有人行道的,要靠边走;乘电车、公共汽车时要在站台上或在靠近停车地点的人行道上候车;横过街道或通过交叉路口时,须在划定的人行横道线内通过,不可翻越马路中间的路障。

• 骑自行车时,要注意在骑车过程中不能有以下行为:双手离把;两个人同骑一辆车;攀扶其他车辆或撑伞;在人行道上骑车;互相追逐。

• 驾车出行要严格遵守交通规则,服从交警指挥,喝酒之后千万不可驾驶车辆,以免发生严重事故。

[案例 10—4]

在某市发生了一起行人与汽车相撞的交通事故,造成行人当场死亡。经现场勘察发现,事故是由于行人翻越马路中间的隔离路障造成的。死者从农村来到城市打工不到半年,一个好端端的年轻人,就这样被交通事故夺去了生命。

[案例评析] 在城市,遵守交通规则是非常

重要的。千万不要凭着以往在农村的经验，无视城市的交通规则。许多交通事故就是在侥幸心理的驱使下发生的。而一旦出现意外，带来的可能是整个家庭的痛苦。

2. 遵守治安管理规定

治安管理是国家公安机关的行政管理行为。治安管理的主要任务是同各种犯罪行为作斗争，同违反治安管理的行为作斗争，同治安灾害事故作斗争，其本质就是要维护社会秩序和公共安全，保障社会主义现代化建设的顺利进行。违反治安管理的行为有：

• 扰乱公共秩序的行为。包括：扰乱国家机关、团体、企事业单位的正常工作秩序；扰乱车站、码头、机场、运动场、公园等公共场所的秩序；扰乱公交、火车、船只等公共交通工具的秩序；斗殴滋事、侮辱妇女或者其他流氓行为；散布谣言扰乱社会秩序，制造混乱；阻碍国家工作人员依法执行公务等。

这些行为具有一定的破坏性，可能给群众造成威胁和不安，可能引起社会秩序的混乱，可能影响国家机关、团体、企事业单位的正常工作秩序，可能使社会风气受到破坏。

• 妨害公共安全的行为。包括非法携带枪支、匕首等管制品；违反危险品管理规定；违反安全规定、影响交通安全等。

• 侵犯他人人身权利的行为。包括直接侵犯他人的人身安全和其他直接相关的权利,如他人的生命健康、人身自由、人格和名誉等。

•侵犯公私财物的行为。具体的表现有:偷窃、骗取、抢夺、敲诈勒索公私财物;哄抢或故意损坏公私财物等。

•妨害社会管理秩序的行为。主要是指违反国家对社会管理的有关规定,扰乱社会秩序等,例如:

窝赃、销赃,倒卖车票、船票,冒充国家工作人员招摇撞骗;

破坏文物,损毁名胜古迹、公共场所雕塑,故意损毁路灯、公共电话等公用设施,破坏草坪、花卉、树木;

赌博或者提供赌博条件,制作、复制、出售或传播淫秽物品;

卖淫嫖娼或者介绍容留卖淫嫖娼。

•违反消防管理规定的行为。包括不遵守消防条令,在有易燃易爆物品的地方吸烟、使用明火,扰乱、影响灭火救灾,过失引起火灾尚未造成严重损失的行为等。

•违反交通管理的行为。主要是交通违章或交通肇事的行为。

•违反户口管理的行为。主要是假报户口或者冒领他人户口证件、居民身份证,故意涂改户口证件等。

对于违反治安管理的行为,依据《治安管理

处罚条例》予以处罚。处罚的种类包括警告、罚款、拘留（15日以下）。有些情况下，还可施以没收财物、赔偿损失、训诫、具结悔过等措施。

3. 遵守计划生育规定

计划生育是我国的基本国策。从1999年1月1日起，国家颁布实施了《流动人口计划生育管理办法》，进城务工人员要严格遵守计划生育政策和有关规定。

• 成年流动人口在离开户籍所在地前，应当到当地县级人民政府计划生育行政部门办理婚育证明。到达现居住地后，应当向街道办事处交验婚育证明，然后才能登记，办理暂住证、务工许可证、营业执照等证件。

• 已婚育龄流动人口要自觉接受计划生育指导和服务，落实避孕节育措施。申请在现居住地生育子女的，要先在原籍所在地的计划生育行政部门办理生育证明材料。

> 这是进城务工人员对计划生育所应负起的义务和责任。

• 已婚育龄流动人口享受国家规定的免费孕情检查和免费避孕节育手术等服务，以及独生子女父母奖励和其他政策优惠，由现居住地和户籍所在地有关部门按责任分工加以落实。

> 这是进城务工人员所应享受的权利。

思考与问答

1. 请结合实际，谈一谈你在城市生活中如何做一个文明居民？

2. 你怎样理解社会公德？在日常生活中怎样才能做到遵守社会公德的规范呢？

3. 在城市中生活，你需要了解哪些交通知识？

4. 有哪些行为是违反社会治安管理规定的？

5. 对流动人口实行计划生育，你有哪些权利和义务？

了解城市生活常识

第 11 课

一、房屋租赁

许多进城就业人员都有过这样的感觉，没有找到一处住房前，心里总是不安。房屋租赁确实不是一件随随便便的事，弄得不好，就可能会使自己的合法权益受到侵害。以下是租房时需要注意的一些问题，希望能给你带来一些帮助。

• 首先，要了解当地房屋租赁管理的规定。各地一般都对房屋租赁管理做了规定，明确了出租人和承租人的权利和责任，房屋租赁、登记手续，以及不得利用租赁房屋从事的活动等。在租赁房屋前，一定要了解当地的有关规定，做到心中有数，避免盲目性。

• 其次，要弄清你所要租住的房屋有没有"房屋所有权证"和"房屋租赁许可证"。对于房产权不确定或者存在产权纠纷的房屋，千万不要去租赁；对于危房和违章建筑，也不要去租赁。

• 再次，租房前要谈好条件，双方协商后订立租房合同，并要按规定到房屋租赁管理机构进行登记，这样可以最大限度地保护你的合法权益。

• 最后，在租赁住房的时候，除了考虑价格因素外，还要考虑交通、安全、邻里关系等多种因素。

> 租赁房屋一定要签订书面租赁合同，并向管理机构登记备案，图省事可能给你带来损害。

[案例 11—1]

2000年初,河南的赵某来到江苏省某市务工,经人介绍与王某认识。王某表示可将自己的一套住房租给赵某,价格非常优惠,赵某没有多想即交付一年的租金搬入居住。不久,有人上门告知该房即将出售给他人,要求赵某搬出,赵某这才得知王某并没有此房的产权,再找王某时已不见人影。

> 赵某租房为什么遇到麻烦?

[案例评析]租房最重要的是要了解清楚出租房屋者有没有"房屋所有权证"和"房屋租赁许可证"。赵某在租房前并未详细了解出租者是否拥有房屋产权及该房是否可以出租,只是贪图便宜,所以出现了问题,给自己带来了许多不应有的麻烦。

二、饮食卫生

不知道你在平时的生活中对于饮食是否十分随便,不管什么东西,不管什么时间,随手拿起来就吃,一点儿也不注意。如果是的话,请你注意了,这种不良的饮食习惯会给你带来麻烦和疾病。在饮食中一定要注意:

• 养成良好的饮食卫生习惯,饭前洗手,不在街头不具备饮食卫生条件的摊点吃东西。

• 不吃过期、变质的食物,黄花菜、四季豆、贝类等一定要充分煮熟后再吃,生吃蔬菜瓜果要洗净。

• 合理安排饮食，尽量注意主副食搭配和营养平衡，早餐不要吃得太少，晚餐不要吃得太饱，千万不要暴饮暴食，不要酗酒。

• 警惕食物中毒。食物中毒的一般症状是腹痛、上吐下泻、头晕头痛。一旦发现或怀疑食物中毒，要赶紧到附近的医院就医。

[案例11—2]

李某在农村老家时就爱喝酒。进城务工后，手头有了闲钱，喝得更勤了。去年末的一天，李某在辛苦一年后拿到了公司发给他的工资和奖金，高兴之余，邀上几个同乡一起吃饭。李某喝掉了一瓶多白酒和几瓶啤酒，回到住地后他开始呕吐不止，后来摔倒在地上不省人事，牙齿也摔掉了两颗，被人送到医院抢救才苏醒过来。

[案例评析] 过量饮酒的危害人人都知道，可是酗酒者们仍然常常狂饮不已。殊不知，这其实也是一种不文明的行为，对自己、对家庭都是不负责任的。

三、出行须知

1. 乘坐汽车

乘坐市内公交或长途汽车,要先问清你要到达的目的地乘哪一次车,然后再上车。提前买票的,应保证在开车前到达指定的检票口检票上车。携带的大件行李,应在上车时与乘务员交涉好应买的货票。如乘坐出租车,应事先和司机讲好到达目的地的车价,或要求打开计价器计价,并记下车牌号及所属公司,一旦发生问题可以联系或投诉。

2. 乘坐火车

先搞清你要去的目的地可乘坐的车次,根据经济能力选择最方便的车次,找订票处订票或直接到车站排队买票。买票后应在开车前半小时到检票口等候检票上车。上车后行李要放在离你最近的行李架上或座位下,中途有人上下车时要注意看好自己的行李。

3. 乘坐飞机

购机票前应认真阅读、了解乘飞机的有关知识,可到机场或其他各个售票处购买机票。购票时应将填好的购票单、身份证和票款交给售票人员,并可提出你是否买保险等要求。接票后要认真核对姓名、航班号和起飞时间等,并检查身份证是否一并退给你了。购票后应在机票要求的时间内到达机场,办理登机手续,按时登机。随身携带的行李不得超重、超体积。在飞机上,一切活动要听从乘务人员的指挥,座位上服务设施的使用应按要求操作,不会操作时可以向乘务人员请教。

4. 乘坐客轮

购票可到轮渡客运站,也可到其他预售处。可根据经济实力和要到达的目的地选择日期、航线、班次和席位等级。可携带较多的行李。在始发港乘船应提前40分钟检票上船,在中途站上船应提前1小时到达码头候船。中途不要随便离船上岸。

要特别说明的是,不论乘坐何种交通工具,都不准携带各种危险物品(如雷管、炸药、鞭炮、汽油、煤油、电石、液化气等易燃易爆物品及杀伤性剧毒物品)和动物(如鸡、鸭、狗、猪、猴、猫、蛇等)。在飞机上,还不准携带各类武器和公安部门管制的各类刀具、放射性物品,不准使用手机等会影响飞机正常无线电通讯的工具。同时,在车船和飞机上,还都应遵守相应的安全规定。

四、防病就医

进城务工人员大多生活条件较差,不少人又过着集体生活,感染疾病的机会较多,要懂得一些防病和就医的基本知识。

• 注意疾病防控。要养成良好的生活习惯,注意个人卫生和环境卫生,按规定进行计划免疫。如果发现传染病患者,要采取措施控制传染源,切断传染途径,并保护好易感人群。

• 不要忽视小病。以为得了感冒,抗一抗就没事了,其实小病不治可能会引起大病。像病毒性感冒,如果不及时治疗可能会引起心肌炎。

• 不要病急乱投医。不要为了省钱去找江湖郎中或者巫医,而应该到有正式营业执照的医务所或者医院去治疗。

• 要听从医嘱。在就医和治疗过程中不要急躁,要耐心地配合医生治疗,按时按量吃药,按时进行复查。

• 科学预防艾滋病。艾滋病是感染人类免疫缺陷病毒后引发的一种致命性传染病,主要通过性接触传播、血液传播和母婴垂直传播,对个人、家庭、社会的危害都十分严重。

预防艾滋病的主要途径是:提高警惕,洁身自爱,遵守性道德,杜绝不良性行为;避免不必要的输血和注射;远离毒品,吸毒者应坚决戒掉;及时、规范地治疗性病;女性艾滋病人避免妊娠。

怀疑自己或家人感染艾滋病时,可与居住地卫生部门疾病控制中心联系,他们可以免费做检测,并为被检测者保密。

[案例 11—3]

孙某得了感冒,以为抗一抗就没事了,但是

高烧一直不退。后来实在抗不住了，就到地摊上找行医的买了一些药吃。结果不但没有好转，反而病情更重，最后昏倒在工地上。孙某被送到医院，经医生检查已经发展为肺炎。

[**案例评析**]出门在外，最怕的就是生病。一旦得了病，不要硬抗着。到医院看病虽然要花一些钱，但可以得到及时治疗。如果小病不医酿成大病，损失就更大了。

五、生活安全

你在城市中生活，一定要注意安全。以下是几种基本的安全生活常识，请你牢记。

1. 预防火灾

• 提高防火意识。一到陌生的地方，就及时了解、熟悉当地的工作、生活环境，以及防火自救的办法。

• 不要躺在床上吸烟，不要乱扔烟蒂。

• 要防止易燃品与高温设备表面接触，搬运盛有可燃气体或液体的铁桶、气瓶（如煤气罐）时要轻搬轻放。

• 严格按照规定使用生活电器设备，使用完毕后应及时切断电源。

如果发生了火灾，首先不要惊慌，马上拨打"119"火警电话，同时冷静地进行自救和扑火。

2. 安全用电

• 在使用电器时，应先插电源插头，后开电器开关。用完后,应先关掉电器开关,后拔电源插头。在插、拔插头时,要用手握住插头绝缘体,不要拉住导线使劲拔。

• 湿手不要接触带电设备,不要用湿布擦带电设备,不要将湿手帕挂在电风扇或电热取暖器上。

• 带金属外壳的可移动的电器,应使用三芯塑料护套线或三眼插座、三脚插头。插座内务必安装接地线,但不要把接地线接到自来水管或煤气管上。

• 不要在电线上悬挂各种铁器、家具以及干菜等物品,特别是晾衣铁线要与电线保持距离。

• 遇到电器设备冒火,一时无法判明原因,千万不要用手拔掉插头或拉闸刀,应用绝缘物拔掉插头或断开闸刀,先切断电源再灭火。

• 发现电线断落,无论带电与否,都应视为带电,应与电线断落点保持足够的安全距离,并及时向有关部门报告。发现有人触电,不能直接接触触电者,应用木棒或其他绝缘物将电源线挑开,使触电者脱离电源。

3. 煤气中毒的预防和处置

生煤炉做饭取暖,如果排气烟筒不畅,或者用管道煤气烧饭、煮水甚至洗澡,废气不能排至室外,就会引起煤气中毒。刚中毒时会感到头晕、耳鸣、恶心,进而眼花、站立不稳,此时如能及时脱离中毒现场或打开门窗通风,则不经治疗，数小时后即可恢复。如仍不脱离中毒现场或不通风，则会使人昏迷，最终导致死亡。昏迷时间越长，所产生的后遗症越严重，因此，一旦发生煤气中毒，应积极救治。

当你自己感到煤气中毒时，不要慌张，要镇静地关掉煤气开关，走到门窗边打开门窗，然后走出室内。如无力打开门窗，可砸破门窗玻璃等，使之通风，并呼叫救援者。

当发现别人煤气中毒时，你作为救护者应当先吸一大口空气，然后用湿毛巾或手帕等捂着鼻子进入室内，先打开窗户，再关掉煤气开关。注意千万别开电灯，使用打火机、火柴等，谨防爆炸。打开门窗后，应将中毒患者迅速移至空气新鲜、通风良好的地方，松解衣扣使其呼吸通畅，注意保暖。如中毒者呼吸停止，应立即进行口对口式人工呼吸，并呼叫急救电话或即刻送往医院救治。

4. 常用的报警电话

请记住以下救助电话号码，遇到麻烦时，拨打相应的号码：

匪警　　　　　110
火警　　　　　119
交通事故处理　122
急救　　　　　120

此外，应注意记下用人单位的电话号码和地址、居住地派出所的电话号码和地址。

思考与问答

1. 如果你准备自己租房，有哪些事项要引起注意？
2. 请结合你自己的实际生活，谈一谈如何注意饮食卫生？
3. 如何做好疾病预防？如果务工中生了病，应注意哪些事情？
4. 在日常生活中要注意掌握哪些防火和安全用电知识？
5. 如果发生煤气中毒，你该怎么做？
6. 请说出城市的常用救助电话号码。